Jacob Lange

Über komprimierte Luft

Ihre physiologischen Wirkungen und ihre therapeutische Bedeutung

Jacob Lange

Über komprimierte Luft
Ihre physiologischen Wirkungen und ihre therapeutische Bedeutung

ISBN/EAN: 9783744634526

Hergestellt in Europa, USA, Kanada, Australien, Japan

Cover: Foto ©Andreas Hilbeck / pixelio.de

Weitere Bücher finden Sie auf **www.hansebooks.com**

Ueber

Comprimirte Luft,

ihre

physiologischen Wirkungen

und

ihre therapeutische Bedeutung

von

Dr. J. Lange.

Göttingen.

Vandenhoeck & Ruprecht's Verlag.

1864.

Vorrede.

Grosse Erfindungen und Entdeckungen haben oft das Schick-
sal, dass sie lange Zeit unbeachtet bleiben, ehe ihnen die gebührende Anerkennung zu Theil wird.

Die Anwendung der comprimirten Luft zu Heilzwecken
liefert für diese Thatsache einen neuen Beleg. Während sie
nämlich nun schon seit 25 Jahren in Frankreich als Heilmittel
in verschiedenen Brustkrankheiten vielfältig die erfreulichsten
Erfolge lieferte, gab es in Deutschland noch vor Kurzem eine
grosse Zahl von Aerzten, welche mit der Literatur dieses Heil-
verfahrens und mit den dadurch erzielten Erfolgen gänzlich
unbekant waren. Erst in der jüngsten Zeit hat man auch in
Deutschland angefangen, sich für diesen Gegenstand mehr zu
interessiren. An mehreren Orten sind bereits für dieses Verfahren Anstalten gegründet, an anderen wird die Gründung derselben vorbereitet.

Seit einer Reihe von Jahren mit der therapeutischen Ver-
werthung der comprimirten Luft beschäftigt, habe ich es mir
angelegen sein lassen, die Wirkungen und Leistungen derselben aufmerksam zu verfolgen und bin dabei zu der Ueberzeugung gelangt, dass die Anwendung der comprimirten Luft den
übrigen Heilmethoden nicht nur ebenbürtig an die Seite ge-
stellt zu werden verdient, sondern dass sie auch in vorgeschrit-
tenen Brustkrankheiten sich oft noch heilbringend erweist, wo
man auf keine andere Weise Erfolge zu erzielen im Stande ist

Als Grundlage für die Einreihung der comprimirten Luft in unsern Arzneischatz sowohl, als auch für das Verständniss der therapeutischen Wirkungen derselben, schien mir unerlässlich, die einzelnen physiologischen Wirkungen derselben genau ins Auge zu fassen.

Daraus entstanden die im ersten Theil der vorliegenden Abhandlung niedergelegten Beobachtungen, welche ich der Oeffentlichkeit übergebe, ohne für sie den Werth einer erschöpfenden Behandlung des Gegenstandes zu beanspruchen. Es steht aber zu hoffen, dass die Bedeutsamkeit der mitgetheilten Erscheinungen ein anregendes Element für den weiteren Ausbau bilden werde, und dass auf diese Weise meine Bestrebungen nicht ohne Nutzen gewesen sind.

In der zweiten Abtheilung sind diejenigen Brustkrankheiten kurz berührt, in denen die comprimirte Luft erfahrungsgemäss eine heilsame Wirkung entfaltet, wobei auf Grund der gewonnenen physiologischen Resultate die eigene Anschauung über die verschiedenen Vorgänge in gedrängter Form niedergelegt ist. In wiefern diese Anschauung die richtige ist, wird erst die fortgesetzte Praxis lehren. Es müsste aber für die Erforschung dieses Gebiets von grosser Bedeutung sein, wenn auch von Anderen Beobachtungen und Resultate gesammelt würden.

Möchte die vorliegende Abhandlung dazu beitragen, der Heilwirkung comprimirter Luft die ihr gebührende Geltung zu verschaffen.

Uetersen in Holstein 1863.

Der Verfasser.

Geschichtliches.

Im Jahre 1783 stellte die Academie der Wissenschaften zu Haarlem folgende Preisaufgabe:

1. Beschreibung eines geeigneten Apparats von bequemer Form und genügender Sicherheit, um Versuche mit condensirter Luft anzustellen.

2. Anstellung von Versuchen mit diesem Apparat über die Wirkung der condensirten Luft in verschiedenen Fällen, namentlich in Bezug auf das animalische Leben, auf das Wachsen der Pflanzen und auf die Zündbarkeit verschiedener Gase.

Die in diesem Programm enthaltenen Fragen blieben 50 Jahre lang ruhen. Erst vom Jahre 1832 an begannen, unabhängig von einander, drei Männer sich der Erörterung derselben zu widmen, nämlich Junod, dem wir die Einführung der Arnold'schen grossen Ventosen verdanken, Pravaz, Direktor des 'orthopäd. Instituts zu Lyon, und Tabarié, Physiker in Montpellier.

Die Leistungen des Letzteren haben sich für die therapeutische Anwendung der comprimirten Luft als die fruchtbringendsten erwiesen. Er ging bei seinem Studium von der Ueberzeugung aus, dass die atmosphärische Luft, dieses Haupt-Lebenselement, durch Aenderung ihrer physikalischen und chemischen Eigenschaften eine unerschöpfliche Quelle heilsamen Einflusses auf den menschlichen Organismus werden könne. — Seinen Untersuchungen über die physikalischen Abänderungen der atmosphärischen Luft lag die Wahrnehmung zu Grunde, dass die täglichen Schwankungen des Luftdrucks auf das Befinden des Menschen von Einfluss seien, und dass namentlich bei heiterer Luft, welche stets von einem erhöhten Luftdruck begleitet ist, ein Wohlbefinden bemerkbar sei *). Tabarié zog ferner die Erscheinungen bei extremer Verdünnung der Luft auf hohen Bergen und bei Luftschiffahrten, sowie bei extremer Verdichtung derselben unter der Taucherglocke in Betracht und gelangte dadurch zu dem Schlusse, dass die comprimirte Luft ähnliche Störungen, wie sie die verdünnte Luft hervorruft, beseitigen müsse.

Nachdem die erforderlichen Apparate hergerichtet waren, wurden ihm durch seine geschickt angestellten Untersuchungen bald Aufschlüsse, die bei der Anwendung comprimirter Luft von wesentlicher Bedeutung sind. Er überzeugte sich nämlich davon, dass ihre wohlthätige Wirkung auf einem bestimmten anhaltenden, während einer längeren oder kürzeren Zeit unveränderten Druck beruht, ferner, dass der Fortschritt von einem geringeren Druck zu einem höheren und umgekehrt, wenn er rasch geschieht, von nachtheiligen Folgen begleitet wird, endlich dass der wirksamste Druck nicht sehr hoch liege, sondern dass eine Vermehrung des Atmosphärendrucks um $\frac{2}{5}$ die besten Dienste leistet.

Tabarié machte der Academie der Wissenschaften in Paris in einer Denkschrift Mittheilung von dem Resultat seiner Forschungen, fand aber bei derselben keine Anerkennung, weil jene schon im Voraus gegen die Sache eingenommen war. Er verliess darauf Montpellier und ging nach Paris, um seinem System Geltung zu verschaffen, — es verstrichen aber noch viele Jahre, ehe es ihm gelang, die Academie vollständig zu überzeugen. Erst im Jahre 1852 ward ihm der Preis Monthyon zuerkannt.

Bei seinem Weggange aus Montpellier übertrug er die Leitung seines dortigen Etablissements dem Professor an der Universität daselbst, Bertin, der noch gegenwärtig demselben vorsteht. Dieser hat bereits in zwei Schriften die Resultate seiner reichen Erfahrungen niedergelegt. (Etude clinique de l'emploi et des effets du bain d'air comprimé dans le traitement

---

*) Dabei wurde das Wohlbefinden einzig dem erhöhten Luftdruck zugeschrieben, obgleich die dem letzteren zu Grunde liegenden Ursachen (Temperatur, Wassergehalt etc.) zweifelsohne mitwirkten.

de diverses maladies. Paris 1855. — Etudes de l'emphysème
vésiculaire des poumons sur l'asthme et sur leur guérison par
le bain d'air comprimé. Montpellier 1860.)

Junod hatte schon im Jahre 1834, während Tabarié noch
mit seinen Untersuchungen beschäftigt war, der Academie der
Wissenschaften von den Resultaten seiner Versuche über die
Wirkung der comprimirten Luft auf den gesunden Menschen
Mittheilung gemacht. Die Methode aber, nach der er verfahren, war nur geeignet, darzulegen, welche nachtheilige Wirkungen die comprimirte Luft auf den menschlichen Körper
auszuüben vermag, wenn man unsinnig mit ihr operirt. Denn,
unbekannt mit den eben berührten, von Tabarié erkannten
Wahrheiten, hatte er auf die Uebergänge durchaus keine Rücksicht genommen, vielmehr die nachtheiligen Wirkungen der
raschen Uebergänge dadurch noch auffälliger gemacht, dass
er einer raschen Verdünnung plötzlich die Condensation und
umgekehrt hatte folgen lassen. Die hierdurch hervorgerufenen
Erscheinungen waren: Frequenz des Pulses, Gehirnreizungen,
Dilirien und Schwindel.

Auf Grund dieser Resultate erklärte der Berichterstatter
Magendie die Anwendung comprimirter Luft zu Heilzwecken
für unzulässig.

Pravaz, der auch gleichzeitig mit Tabarié anfing, von der
Anwendung der comprimirten Luft Gebrauch zu machen, war
nach Bertin's Behauptung durch Tabarié's Mittheilungen bewo
gen, den gefährlichen Weg, den er nach Junod's Vorgange
schon betreten hatte, zu verlassen und auf die Uebergänge die
erforderliche Zeit zu verwenden. Im Uebrigen unterscheidet
sich die von ihm befolgte Methode wie aus der von ihm publi-
cirten Schrift *) erhellt, von der von Tabarié vorgezeichneten
dadurch, dass er nur höchstens $1/5$ Atmosphäre Ueberdruck
anwendet und die Sitzung auf 15 bis 20 Minuten Dauer ab-
kürzt.

Zu erwähnen ist noch, dass auch in Nizza ein Etablisse-
ment besteht. Dr. Milliet, welcher dasselbe leitet, ist ein
Schüler von Pravaz.

*) Essai sur l'emploi médical de l'air comprimé. Paris 1850.

Apparate und Methode der Anwendung.

Die Anwendung von Bädern in comprimirter Luft erheischt einen Apparat, der genaue Beobachtung und Regulirung des Luftdrucks, daneben aber geeignete Ventilation gestattet. Diesen wie allen übrigen Erfordernissen lässt sich am einfachsten durch Benutzung von sogenannten Glocken Rechnung tragen, ohne dass in Bezug auf Form und Anordnung der Willkür Schranken gesetzt sind.

Der Raum einer solchen Glocke, in welcher die Verdichtung der Luft geschieht, ist von stark vernieteten, schmiedeisernen Platten gebildet, cylindrisch mit kegelförmigem oder kugelförmigem Aufsatz. Bei einer Höhe von 8 bis 9 Fuss beträgt der Durchmesser etwa 6 Fuss, so dass mehrere Personen bequem Platz darin finden. Eine nach innen sich öffnende Thür gewährt den Eintritt und schliesst hermetisch, sobald der Druck ansteigt.

In der Mitte des Bodens mündet eine Röhre, welche aus den Pumpen fortwährend Luft zuführt. Ein hölzerner Boden mit einigem Spielraum am Umfang ist ea. 4 Zoll darüber eingefügt, so dass die eintretende Luft erst nach vollständiger Vertheilung aus diesem Raum in das Innere des Apparats übertritt und die dort befindliche Person keinem fühlbaren Luftzug ausgesetzt ist.

Um nun den nöthigen Luftwechsel im Apparat herzustellen, beschafft man die Regulirung der Luftspannungen nicht etwa durch Controle der Pumpenthätigkeit, sondern durch die Stellung des Hahnens am Ausflussrohr. Während nämlich die Pumpen unausgesetzt arbeiten und so ein beträchtliches Quantum Luft von aussen zuvor in eine Windlade und dann in den unteren Theil des Apparats hineinführen, wird das Ausflussrohr an der Spitze desselben so weit geöffnet, als es die Einhaltung der jeweils erforderlichen Spannung bedingt.

Der Austritt der Luft aus dem Apparat geschieht, wie erwährt, durch ein von der Spitze auslaufendes Rohr. An einer Abzweigung desselben ist ein genaues Bourdon'sches Manometer angebracht, welches am meisten geeignet ist, mit immer gleichbleibender Genauigkeit den Luftdruck in Millimetern anzuzeigen.

Ist nun der Patient in den Apparat getreten, und die Thür hermetisch geschlossen, so beginnt eine Kraftmaschine ihre unausgesetzte Thätigkeit. Eine genaue Beobachtung und Regulirung des Luftdrucks ist dann erforderlich, der Abzugshahnen muss so gehandhabt werden, dass das Manometer in jeder Minute eine Druckerhöhung von 10^{mm} anzeigt und in dieser Weise eine halbe Stunde vergeht, bis die höchste Spannung (300^{mm}) erreicht ist. Man stellt alsdann den Abzugshahnen so, dass genau so viel Luft ausströmt, als die Pumpen zuführen, damit eine bestimmte Zeit hindurch der Druck genau auf dieser Höhe sich erhalte. In derselben Weise, d. h. ohne die Thätigkeit der Pumpen zu beschränken, lässt man zur Reducirung des Drucks mehr Luft entweichen, als zugeführt wird, und so die Spannung im Lauf einer halben Stunde auf die der Atmosphäre herabsinken. Noch ist zu erwähnen, dass Glasscheiben von ca. $\frac{1}{4}$ Zoll Dicke einem Ueberdruck von 300^{mm} sehr sicher widerstehen, dass man also Fenster in die Wände des Apparats einfügen und dadurch das Eindringen des Tageslichts ermöglichen kann.

Ein Bad in comprimirter Luft dauert gewöhnlich zwei Stunden. Die erste halbe Stunde dient dazu, den Druck auf 300^{mm} zu bringen, der Kranke bleibt dann während der folgenden Stunde einem gleichbleibenden Druck ausgesetzt, — die letzte halbe Stunde endlich wird benutzt, um allmählig den erhöhten Luftdruck auf Atmosphärendruck zu erniedrigen.

Physiologische Wirkungen der comprimirten Luft.

I. Wirkungen auf die Respiration,

a. auf die Mechanik derselben:

Die wichtigste Wirkung der comprimirten Luft auf die Mechanik der Respiration besteht darin, dass durch sie die Kraft der Respirationsmuskeln erhöht wird. Diese Thatsache steht fest, wenn auch die ihr zu Grunde liegenden Ursachen bis jetzt noch nicht vollständig aufgeklärt sind.

Die Kraft der Inspirationsmuskeln wird bekanntlich durch die Höhe des negativen Inspirationsdrucks angezeigt, den man auf einfache Weise durch den Grad der Erhebung einer Quecksilbersäule findet. Man benutzt dazu eine hufeisenförmig gebogene graduirte Glasröhre, bringt das Niveau des darin enthaltenen Quecksilbers auf den Nullpunkt, fügt einen der Schenkel luftdicht in eine Nasenöffnung und inspirirt nach vollständiger Exspiration mit grösstmöglichem Kraftaufwand, indem man die andere Nasenöffnung und den Mund verschliesst. Die Erhebung der Quecksilbersäule in dem einen über das Niveau des andern Schenkels giebt das Maass des negativen Inspirationsdrucks ab.

Die Kraft der Exspirationsmuskeln lässt sich schwieriger bestimmen, weil selbst bei der angestrengtesten Exspiration die Exspirationsmuskeln nur unterstützend wirken. Die Summe aller auf eine solche Exspiration verwendeten Kräfte ergiebt sich aus der Ermittlung des positiven Exspirationsdrucks, bei welcher man analog dem obigen Versuche verfährt, indem man nämlich nach geschehener tiefstmöglicher Inspiration mit aller Kraft in die Röhre exspirirt.

Es liegt eine Reihe von Versuchen vor, welche es zur Evidenz nachweisen, dass in comprimirter Luft eine erhebliche Zunahme des negativen Inspirationsdrucks und des positiven Exspirationsdrucks stattfindet. Die dabei in Betracht zu ziehenden Verhältnisse gestalten sich — mathematisch aufgefasst — folgendermassen:

1. **beim negativen Inspirationsdruck:**

Seien A und B die beiden offenen Schenkel eines Manometers, so steht bei jedem Barometerstand das Quecksilber in beiden gleich, etwa bei m und n. Wird nun A luftdicht in die Nase eingefügt, so sei:

V das Volumen der Luft in dem Schenkel A, in der Lunge u. s. w. bei beginnender Inspiration,

d die Zunahme dieses Volumens in Folge der Inspiration,

q der innere Querschnitt des Schenkels A,

h die bei der Inspiration erfolgende Hebung des Quecksilbers über m,

h′ die damit verbundene Senkung desselben in B und

H der Barometerstand. — Dann ist:

hq die durch die Hebung des Quecksilbers in A bewirkte Abnahme von V,

V + d — hq das Volumen der Luft in der Lunge etc. am Ende der Inspiration,

H — (h + h′) der Quecksilberdruck, dem die Luftdruck-Differenz in Folge der Inspiration das Gleichgewicht hält.

Mithin ist nach dem Mariotte'schen Gesetz:

$$V : V + d - hq = H - (h + h') : H.$$

Hieraus folgt bei Vernachlässigung der im Vergleich zum Volumen der Lunge verschwindend kleinen Grösse hq:

$$d = \frac{h + h'}{H - (h + h')} V \quad \ldots \ldots \ldots \quad (1)$$

Ist der Querschnitt in beiden Schenkeln gleich gross, so ist h′ = h, also:

$$d = \frac{2h}{H - 2h} V \quad \ldots \ldots \ldots \quad (2)$$

Darf nun für eine und dieselbe Person V als constant angesehen werden, so erhält man durch den Versuch:

$$d_1 = \frac{h_1}{H_1 - h_1} V \quad \ldots \ldots \ldots \quad (3)$$

$$d_2 = \frac{h_2}{H_2 - h_2} V \quad \ldots \ldots \ldots \quad (4)$$

Mithin:
$$d_1 : d_2 = \frac{h_1}{H_1 - h_1} : \frac{h_2}{H_2 - h_2}, \quad \text{oder}$$

$$d_2 = \frac{h_2 (H_1 - h_1)}{h_1 (H_2 - h_2)} d_1 \quad \ldots \ldots \ldots \quad (5)$$

Wäre nun $d_1 = d_2$, so müsste hiernach:

$$h_1 (H_2 - h_2) = h_2 (H_1 - h_1) \text{ sein, woraus folgen würde:}$$

$$h_1 : h_2 = H_1 : H_2 \text{ oder: } h_2 = -\frac{H_2}{H_1} h_1 \quad \ldots \ldots \ldots \quad (6)$$

d. h.: Wenn für zwei Inspirationen unter verschiedenem Luftdruck das Volumen V sich um gleich viel ändert, so müssen sich die Quecksilberhöhen in A wie die Barometerhöhen verhalten. Dasselbe würde aus Gleichung (2) folgen.

Aus (6) kann h_2 berechnet werden für jeden Werth von H_2, wenn nur h_1 und H_1 gegeben werden.

Setzt man nun die experimentell ermittelten Werthe von h in die Gleichung (5) ein, so gewinnt man die in den Tabellen I. und II. als „Berechnete Höhen" aufgenommenen Zahlenwerthe, welche angeben wie gross d_2 ist, wenn $d = 1$ gesetzt wird.

Wenn die Annahme, dass V eine constante Grösse ist, nicht gestattet wäre, so folgte aus (3) und (4) die Möglichkeit, dass bei verschiedenen Quecksilberhöhen dennoch h_1 und h_2 gleich d_1 und d_2 sein könne, wenn nur die Bedingung

$$\frac{h_1}{H_1 - h_1} V_1 = \frac{h_2}{H_2 - h_2} V_2$$

erfüllt ist. Hieraus folgt:

$$V_2 = -\frac{h_1 (H_2 - h_2)}{h_2 (H_1 - h_1)} V_1 \quad \ldots \ldots \ldots \quad (7)$$

Verglichen mit (5) ergiebt sich daraus, dass die Athemzüge an Tiefe gewonnen haben müssten, und zwar in einem Verhältniss, welches das umgekehrte von dem in der betreffenden Columne der Tabellen I. und II. angegebene wäre.

2. Beim positiven Exspirationsdruck:

Werden in den die Untersuchung des negativen Inspirationsdrucks einleitenden Erklärungen die Worte „Inspiration" durch „Exspiration," „Zunahme" durch „Abnahme," „Hebung" durch „Senkung" und umgekehrt, ersetzt, so bezeichnen die dort eingeführten Buchstaben die bei der Exspiration in Betracht kommenden Grössen, und es ist nach dem Mariotte'schen Gesetz:

$$V : V - d + hq = H + (h + h^1) : H$$

hieraus folgt durch Vernachlässigung von hq:

$$d = \frac{(h + h^1) V}{H + (h + h^1)} \quad \ldots \ldots \ldots \quad (1)$$

Ist aber der Querschnitt in beiden Schenkeln gleich, also $h^1 = h$, so ist

$$d = \frac{2h}{H + 2h} V \quad \ldots \ldots \ldots \quad (2)$$

Diese Gleichung unterscheidet sich von der für den Inspirationsdruck aufgestellten Gleichung (2) nur durch das im Nenner veränderte Zeichen.

Wird V als constant angenommen, so erhält man durch den Versuch:

$$d_1 = \frac{2h_1}{H_1 + 2h_1} \quad \ldots \ldots \ldots \ldots \quad (3)$$

$$d_2 = \frac{2h_2}{H_2 + 2h_2} \quad \ldots \ldots \ldots \ldots \quad (4)$$

mithin die Proportion:

$$d_1 : d_2 = \frac{h_1}{H_1 + 2h_1} : \frac{h_2}{H_2 + 2h_2}, \quad \text{oder:}$$

$$d_2 = \frac{h_2 (H_1 + 2h_1)}{h_1 (H_2 + 2h_2)} d_1 \quad \ldots \ldots \ldots \quad (6)$$

Das oben für die Inspiration aufgestellte Gesetz gilt mithin auch hier. In den folgenden Tabellen sind als „Berechnete Höhen" diejenigen Werthe aufgeführt, die sich aus (5) für den jedesmaligen Barometerstand ergeben. Die Differenzen zwischen den berechneten und den aus dem mittleren Werth von 3 Versuchen gefundenen Höhen weisen auf eine Aenderung von V oder von d hin. In der Berechnung ist $d_1 = 1$ gesetzt worden. Wird dagegen angenommen, dass V veränderlich, und $d_1 = d_2$ ist, so folgt aus (3) und (4):

$$V_2 = \frac{h_1 (H_2 + 2h_2)}{h_2 (H_1 + 2h_1)} V \quad \ldots \ldots \ldots \quad (7)$$

Dies ist aber der reciproke Werth von (5), daher aus der Tabelle leicht zu berechnen.

Tabelle I.

z. F.. 27 Jahr alt, Körperlänge 172^{cm} gesund.

Barometerhöhe G in mm angegeben	Durch den Versuch ermittelte Höhe h		Berechnete Höhe h		Differenz		Verhältniss der Aenderung d		Spirometergrösse	Temperatur
	Inspiration	Exspiration	Inspiration	Exspiration	Inspiration	Exspiration	Inspiration	Exspiration	Cub. cm	Grad Cels.
766	55,25						1,00			
866	88,75		62,46		26,29		1,469			
966	104,75		69,67		35,08		1,566			
1066	104,25		76,88		27,37		1,394			
966	108,50		69,67		38,83		1,628			
866	110,25		62,46		47,79		1,877			
766	108,0		55,25		52,75		2,111			
754	80,0						1,00		4150	
854	102,50		90,61		11,89		1,143		4137	
954	107,50		101,22		6,28		1,069		4300	
1054	122,50		111,83		10,67		1,108		4275	
954	125,0		101,22		23,78		1,069		4300	
854	128,75		90,61		38,14		1,496		4225	
754	120,0		80,0		40,0		1,595		4225	
757	81,0						1,00			
857	106,25		91,70		14,55		1,140			
957	115,0		102,40		12,60		1,398			
1057	125,25		113,10		12,15		1,121			
957	134,75		102,40		32,35		1,368			
857	125,50		91,70		33,80		1,432			
757	108,75		81,0		26,75		1,352			
762	91,00						1,00			
862	107,50		102,94		4,56		1,050		4125	10
962	119,50		114,88		4,62		1,010		4212	12
1062	132,50		126,82		5,68		1,051		4537	14
962	134,75		114,88		19,87		1,201		4562	15
862	124,0		102,94		21,06		1,239		4425	15
762	116,0		91,00		25,25		1,328		4337	10
754	92,0	83,00					1,00	1,00	4125	10
754	94,0	107,50	92	83	2,00	24,50	1,025	1,258	4250	10
762	93,50	90,0					1,00	1,00	4125	3
762	108,0	101,0	93,50	90,0	14,50	11,0	1,181	1,176	4225	3
759	96,0	90,0					1,00	1,00		4
759	115,0	102,50	96,0	90,0	19,00	12,50	1,239	1,123	„	4
767	93,0	88,50					1,00	1,00		1
767	109,5	98,50	93,0	88,50	16,50	10,0	1,207	1,100		1
761	96,0	95,0					1,00	1,00	4375	10
861	109,0	110,0	108,61	107,48	0,39	2,52	1,004	1,020	4466	12
961	122,50	122,50	121,35	119,90	1,15	2,60	1,001	1,014	4600	13
1061	136,0	131,75	133,84	132,45	0,84	2,16	1,019	1,036	4816	14
961	136,0	132,0	121,35	119,90	14,65	12,10	1,142	1,088	4800	14
861	133,0	130,0	108,61	107,48	24,39	22,52	1,264	1,182	4700	14
761	120,0	110,0	96,0	95,0	24,0	15,0	1,296	1,138	4475	10

Tabelle II.

M., 30 Jahr alt, Körperlänge 173^{cm} mit auffällig verminderter Lungencapacität, gesund.

Datum	Barometerhöhe H in mm angegeben	Durch den Versuch ermittelte Höhe h		Berechnete Höhe h		Differenz		Verhältniss der Aenderung d		Spirometergrösse Cub. cm	Temperatur Grad Cels.
		Inspiration	Exspiration	Inspiration	Exspiration	Inspiration	Exspiration	Inspiration	Exspiration		
31./10.	757	54,0						1,00		3125	
	857	74,50		61,15		13,35		1,239		3250	
	957	77,50		68,30		9,20		1,147		3237	
	1057	93,50		75,45		18,05		1,167		3350	
	957	86,0		68,30		17,70		1,286		3575	
	857	83,75		61,15		22,60		1,410		3325	
	757	81,0		54,0		27,0		1,560		3437	
7./11.	762	72,0						1,00		3337	
	862	83,0		81,86		1,14		1,021		3350	
	962	96,75		91,05		5,70		1,072		3462	
	1062	104,25		100,34		3,91		1,043		3537	
	962	103,50		91,05		12,45		1,155		3475	
	862	95,25		81,86		3,39		1,190		3400	
	762	90,25		72,0		17,75		1,287		3350	
14./11.	754	82,50	81,50					1,00	1,00	3287	
	754	93,50	89,50	82,50	81,50	11,0	8,0	1,133	1,088	3337	
21./11.	762	76,0	70,0					1,00	1,00	3350	
	762	89,0	102,5	76,0	70,0	13,0	32,5	1,209	1,405	3437	
28./11.	759	71,0	76,5					1,00	1,00		
	759	103,5	95,5	71,0	76,5	32,5	19,0	1,635	1,163		
5./12.	767	82,5	78,5					1,00	1,00		
	767	88,0	99,0	82,5	78,5	5,50	20,5	1,075	1,231		
24./4. 63	761	94,0	98,0			—		1,00	1,00	3962	
	861	108,0	112,0	106,35	110,87	1,65	1,23	1,006	1,009	4150	
	961	121,0	124,0	118,70	123,75	2,30	0,25	1,020	1,002	4262	
	1061	136,0	137,75	131,5	136,62	0,95	1,13	1,044	1,007	4500	
	961	131,75	135,0	118,70	123,75	11,0	11,25	1,157	1,079	4400	
	861	130,0	131,25	106,35	110,87	19,13	20,48	1,261	1,134	4316	
	761	114,5	116,0	94,0	98,0	16,50	18,0	1,256	1,159	4075	

Bei Betrachtung der vorstehenden Tabellen drängen sich folgende Bemerkungen auf:

Die Differenzen sind sowohl beim Inspirations - als auch beim Exspirationsdruck von solcher Grösse und Regelmässigkeit, dass sie nicht füglich für Beobachtungsfehler erklärt werden können. Es geht also daraus hervor, dass in comprimirter Luft und auch nach dem Verlassen derselben die Raumveränderung, resp. Lungenerweiterung grösser ist, als vorher unter Atmosphärendruck, vorausgesetzt, dass V constant ist. Die reelle Grösse der Differenzen tritt am deutlichsten hervor, wenn man die für den Inspirations- und Exspirationsdruck vor dem ersten Versuch gefundenen Quecksilberhöhen mit der nach dem letzten Versuch wahrgenommenen vergleicht, weil durch deren Unterscheide die physiologische Gesammtwirkung sämmtlicher Bäder repräsentirt wird.

Es muss den in diesen Tabellen (I. und II.) enthaltenen Resultaten nothwendig eine Kräftigung des bei der Respiration thätigen Muskelapparats zu Grunde liegen. Unserem Ermessen nach wenigstens deuten dieselben unmittelbar darauf hin.

Für die Richtigkeit dieser Auffassung liefert einen ferneren Beleg das Verhalten der vitalen Lungencapacität in comprimirter Luft. Wir finden nämlich, wenn wir den Unterschied zwischen tiefster Ex- und Inspiration unter Atmosphärendruck ermitteln, und das Volumen im Spirometer gemessen haben, dass jener (das vitale Athmungsvermögen) in comprimirter Luft eine Zunahme erfährt, und dass diese Zunahme sich in der Regel als nachhaltig zu erweisen pflegt, wenn sie nicht durch besondere Umstände, welche eine Störung veranlassen, modificirt wird. - Die Resultate spirometrischer Messungen in Tabellen I. II. und III. repräsentiren die mittleren Werthe aus 3—4 unmittelbar auf einander folgenden Versuchen, während Tabelle IV. Aufzeichnungen nach einmaligem Versuch enthält.

Tabelle III.

D., 29 Jahr alt, Körperlänge 171cm., schmächtig, blasses Colorit, Laryngeal- und Magencatarrh, Nachtschweisse, andauernde, intensive Hyperämie der Schleimhaut des Schlundes, Zunge scharlachroth.

Datum des Versuchs	Ueberdruck	Puls pr. Minute	Spirometergrösse in Cub. cm.	Datum des Versuchs	Ueberdruck	Puls pr. Minute	Spirometergrösse in Cub. cm.	Datum des Versuchs	Ueberdruck	Puls pr. Minute	Spirometergrösse in Cub. cm.	Datum des Versuchs	Ueberdruck	Puls pr. Minute	Spirometergrösse in Cub. cm.
16./3.	0	60	3583	27./3.	0	57	3917	13./4.	0	90	3800	27./4.	0	74	4117
	100	58	3633		100	52	4000		100	86	3833		100	75	4200
	200	57	3733		200	54	4000		200	84	3867		200	69	4233
	300	57	3767		300	53	3983		300	79	3900		300	71	4283
	200	52	3700		200	58	3983		200	73	3933		200	66	4250
	100	58	3700		100	64	4017		100	81	3883		100	62	4217
	0	59	3716		0	59	4017		0	67	3850		0	59	4167
17./3	0	60	3633	31./3.	0	91	3800	14./4.	0	70	3750	29./4.	0	75	4100
	100	56	3733		100	80	3850		100	70	3833		100	72	4150
	200	56	3675		200	73	3900		200	64	3867		200	69	4200
	300	55	3737		300	77	3917		300	68	3967		300	66	4200
	200	57	3783		200	76	3867		200	63	3933		200	65	4200
	100	58	3750		100	76	3800		100	65	3933		100	66	4150
	0	51	3833		0	77	3783		0	67	3938		0	62	4133
20./3.	0	59	3867	2./4.	0	69	3800	15./4.	0	66	3850	2./5.	0	74	3967
	100	58	3900		100	83	3750		100	63	3917		100	72	4150
	200	56	3917		200	68	3750		200	67	4000		200	69	4150
	300	58	3933		300	65	3750		300	65	4017		300	71	4167
	200	58	4000		200	66	3700		200	63	4000		200	65	4167
	100	58	3983		100	60	3767		100	61	4000		100	62	4183
	0	60	3983		0	62	3750		0	58	4000		0	58	4150
21./3.	0	68	3877	3./4.	0	70	3850	19./4.	0	67	3900	13./5.	0	69	4200
	100	58	3867		100	62	3800		100	66	3950		100	66	4250
	200	63	3900		200	68	3883		200	65	4017		200	65	4300
	300	58	3933		300	59	3950		300	65	4033		300	65	4300
	200	61	3917		200	58	3950		200	65	4067		200	62	4267
	100	61	3950		100	60	3900		100	65	4033		100	65	4250
	0	52	3950		0	62	3800		0	60	4017		0	60	4233
23./3.	0	60	3900	6./4.	0	68	3917	21./4.	0	70	4000	16./6.	0	78	4250
	100	65	3888		100	66	3900		100	68	4017		100	73	4300
	200	62	3983		200	63	3833		200	65	4133		200	74	4317
	300	62	4033		300	65	3933		300	67	4150		300	62	4300
	200	62	3983		200	66	3950		200	64	4150		200	77	4250
	100	58	3983		100	67	3917		100	60	4150		100	61	4300
	0	56	3917		0	59	3900		0	54	4133		0	63	4283
21./3.	0	68	3950	8./4.	0	98	3850	23./4.	0	64	4050	19./5.	0	76	4200
	100	65	3950		100	82	3883		100	63	4100		100	74	4250
	200	64	3975		200	80	3967		200	64	4150		200	72	4250
	300	63	4000		300	82	3983		300	63	4200		300	69	4300
	200	64	4012		200	80	3983		200	65	4217		200	68	4250
	100	63	4000		100	81	3950		100	60	4200		100	68	4267
	0	64	4000		0	92	3850		0	58	4183		0	61	4217
25./3.	0	65	3900	9./4.	0	80	3867	25./4.	0	78	4050				
	100	59	3950		100	60	3867		100	76	4100				
	200	58	4000		200	62	3900		200	76	4150				
	300	59	4050		300	65	3900		300	76	4200				
	200	59	4017		200	59	3917		200	73	4200				
	100	58	4033		100	62	3900		100	74	4200				
	0	63	4000		0	66	3900		0	68	4100				

Anmerkung. Die von 31./3. bis 21./4. (vom 31. März bis 21. April) gefundenen Werthe zeigen eine auffällige Abweichung, für welche ein durch Witterungswechsel herbeigeführter erneuter Catarrh die Erklärung liefert.

Tabelle VI.

W., 30 Jahr alt, Körperlänge 165cm., seit 12 Wochen Laryngealcatarrh.

Datum des Versuchs	Ueberdruck in mm.	Puls pr. Min.	Animalische Wärme in Gr. Celsius	Spirometergrösse in Cub. cm.	Datum des Versuchs	Ueberdruck in mm.	Puls pr. Min.	Animalische Wärme in Gr. Celsius	Spirometergrösse in Cub. cm.	Datum des Versuchs	Ueberdruck in mm.	Puls pr. Min	Animalische Wärme in Gr. Celsius	Spirometergrösse in Cub. bm.
30./5.	0	86	37,6	3000	7./6.	0	88	37,6	3600	14./6.	0	93	37,6	3750
	100			3300		100			3650		100			3750
	200			3500		200			3700		200			3750
	300			3500		300			3750		300			3900
	200			3050		200			3650		200			3850
	100			3300		100			3650		100			3850
	0	81	37,8	3250		0	80	37,4	3600		0	78	37,5	3800
31./5.	0	88	37,8	3050	8./6.	0	90	37,8	3650	15./6.	0	90	37,6	3800
	100			3100		100			3700		100			3800
	200			3100		200			3700		200			4000
	300			3000		300			3750		300			4000
	200			3000		200			3700		200			3900
	100			3000		100			3650		100			3850
	0	79	37,6	3100		0	80	37,6	3650		0	72	37 4	3850
2./6.	0	88	37,6	3200	9./6.	0	90	37,7	3700	16./6.	0	89	37,6	3900
	100			3300		100			3700		100			3950
	200			3400		200			3800		200			4050
	300			3400		300			3850		300			4000
	200			3200		200			3800		200			4000
	100			3050		100			3750		100			4000
	0	82	37,4	3200		0	67	37.4	3750		0	77	37,5	4000
3./6.	0	80	37,6	3400	10./6.	0	90	37,6	3700	17./6.	0	90		3900
	100			3400		100			3750		100			3950
	200			3450		200			3750		200			4050
	300			3400		300			3800		300			4100
	200			3050		200			3750		200			4150
	100			3100		100			3700		100			4000
	0	76	37,5	3600		0	76	37,4	3700		0	76	37,5	3950
4./6.	0	80	37,5	3500	11./6.	0	91	37,6	3700	18./6.	0	88	37,6	3950
	100			3550		100			3700		100			3900
	200			3600		200			3750		200			4000
	300			3750		300			3800		300			4000
	200			3550		200			3800		200			4100
	100			350		100			3750		100			4000
	0	68	37,4	3600		0	79	37,4	3700		0	80	37,4	4000
5./6.	0	84	37,5	3650	12./6.	0	94	37,7	3750	19./6.	0	91	37,5	4000
	100			3650		100			3750		100			3900
	200			3650		200			3800		200			3950
	300			3700		300			3850		300			4100
	200			3550		200			3850		200			4050
	100			3500		100			3800		100			3950
	0	74	37,3	3600		0	78	37,6	3800		0	79	37.4	4100
6./6.	0	87	37,7	3600	13./6.	0	90	37,5	3750					
	100			3650		100			3800					
	200			3650		200			3850					
	300			3750		300			3850					
	200			3650		200			3800					
	100			3600		100			3900					
	0	82	37,5	3600		0	78	37,5	3800					

Eine von Allen, die sich mit der Anwendung comprimirter Luft beschäftigten, als constant bezeichnete Thatsache ist
die: es ändert sich der Rhythmus der Respiration, indem die
Athemzüge verlangsamt werden. - Es zeigt sich diese Erscheinung gewöhnlich schon bei Gesunden, tritt aber deutlicher hervor, wenn Lungenkranke der comprimirten Luft ausgesetzt
werden. Sie lässt sich übrigens besser durch genaue Beobachtung des Kranken, als durch Experimente constatiren, weil
durch letztere die Aufmerksamkeit des zu Untersuchenden
rege wird, und so die Willkür die Genauigkeit des Versuchs
beeinträchtigt. Wo übrigens Experimente angestellt sind wie
von Vievenot (s. Virchow's Archiv, Band 19. S. 492), da tritt
auch in den gefundenen Zahlen die Erscheinung schlagend
hervor.

Mit dieser Verlangsamung der Athemzüge ist ein Gefühl
von Leichtigkeit des Athmens verbunden, welches schon von
jedem Gesunden bemerkt wird, das aber in vermehrtem Maass
bei Lungenkranken hervortritt. Die tiefen Athemzüge, welche
unter Atmosphärendruck ab und zu durch das Bedürfniss hervorgerufen werden, finden sich seltener ein und bleiben endlich ganz aus; — und stellt man dann einen Vergleich zwischen dem Respiriren in comprimirter Luft und dem unter
Atmosphärendruck an, so will es scheinen, als ob man bei
letzterem immer noch eine Last zu überwinden, mehr Kraft
anzuwenden habe.

b. Wirkung der comprimirten Luft auf den Chemismus
der Respiration.

Ueber die chemische Beschaffenheit der Ausathmungsluft
in comprimirter Luft liegen erschöpfende Beobachtungen bis
jetzt nicht vor. Der Mangel eines für diese schwierigen Untersuchungen sich eignenden Eudiometers hat mich bisher ver-
hindert, solche anzustellen. Weil es aber von Wichtigkeit ist,
den Procentgehalt der Ausathmungsluft nicht allein an Kohlensäure, sondern auch an Sauerstoff während des Bades, vor und
nach demselben zu kennen, so wird in der Zukunft meine
Thätigkeit auf Ausfüllung dieser Lücke gerichtet sein.

Ueber den Kohlensäuregehalt der Ausathmungsluft in comprimirter Luft haben Hervier und St. Lager im Jahre 184.) Beobachtungen angestellt (Pravaz. Essai sur l'emploi médical de l'air comprimé. Paris 1850), welche zu folgenden Resultaten führten.

1. Bis zum Ueberdruck von 100 bis 120ᵐᵐ geht die Kohlensäure-Anshauchung über das gewöhnliche Maass hinaus, bei höherer Steigerung des Luftdrucks vermindert sich der Kohlensäuregehalt und wird sogar geringer, als vor dem Bade.

2. Eine Nachwirkung des Bades in comprimirter Luft besteht in Zunahme der Kohlensäure - Aushauchung. Es steigert sich dieselbe während mehrerer Stunden; und erreicht erst eine gewisse Zeit nach dem Verlassen des Apparats, ihr Maximum.

II. Wirkungen der comprimirten Luft auf die Circulation.

Um die Wirkung der comprimirten Luft auf die Circulation in ein klares Licht zu stellen, wird es nöthig sein, die physiologischen Beziehungen zwischen Respiration und Circulation, welche hier in Betracht kommen, kurz zu berühren.

Von grösster Wichtigkeit ist da zunächst der Druckunterschied der Luft auf der äusseren und inneren Oberfläche der Lungen, welcher durch die dem Luftdruck entgegenwirkende Kraft der Lungenelasticität hervorgerufen wird. Die an der äusseren Oberfläche der Lungen gelegenen, durch den hermetischen Verschluss der Brusthöhle der unmittelbaren Einwirkung des Luftdrucks entzogenen, Organe, wie das Herz und die grossen Gefässtämme, sind mithin dem um die Kraft der Lungenelasticität verminderten Druck der Lungenluft ausgesetzt. Hierdurch wird auf jene Organe von den Lungen aus fortwährend ein negativer Druck ausgeübt, der zwar bei der Inspiration, während welcher die Spannung der Lungenluft etwas unter den Atmosphärendruck herabsinkt, höher, und während der Exspiration, bei der das Gegentheil der Fall ist, geringer, aber selbst nach vollendeter Exspiration noch aequal $7\frac{1}{2}$ᵐᵐ Quecksilber ist.

Dieser negative Druck, unter welchem das Herz und die grossen Gefässstämme während der Athembewegungen in abwechselnd höherem und geringerem Grade stehen, bewirkt eine Aspiration auf den Blutlauf in den an der Peripherie des Thorax gelegenen dem vollen Atmosphärendruck ausgesetzten Venen.

Zu dem ungestörten Fortgang dieser Aspiration trägt die anatomische Construktion der an der Peripherie des Thorax liegenden Venen wesentlich bei, worauf Hammernjk und Barral besonders aufmerksam gemacht haben. Diese Venen nämlich haften in ihrem Umfang den über die benachbarten Knochentheile gespannten Aponeurosen unverschiebbar an, wodurch bewirkt wird, dass ihre Lichtungen stets offen erhalten werden und dass sie nicht während einer starken Aspiration durch den Atmosphärendruck comprimirt werden können. So sind die jugularis interna, subclavia und anonyma an die clavicula und erste Rippe durch die Fascien des Halses, ebenso die vena cava inferior, die vena azygos und hemiazygos an ihren Durchtrittstellen durch das Diaphragma durch ein festes Bindegewebe unverschiebbar und fest angeheftet (Hammernjk).

Wenngleich die Wirkung der Aspiration sich unmittelbar nur auf die Venen in der Nähe des Herzens erstreckt, und in einer Entfernung von 20 Centimetorn von der Brusthöhle nur noch schwach wahrzunehmen ist, so findet doch mittelbar ein Einfluss auf die entfernteren Venen und auf den Blutlauf in den Capillaren statt.

Erhellt nun aus den mitgetheilten Tabellen, dass während der Behandlung mittelst comprimirter Luft die vitale Lungencapacität also die Entfaltung der Lungen eine Zunahme erfährt, ist eine Zunahme der Kraft der Respirationsmuskeln wahrnehmbar, ist es ferner erwiesen, dass mit der grösseren Entfaltung der Lungen eine Steigerung der Kraft der Lungenelasticität Hand in Hand geht, so können wir auch mit Recht folgern; dass der auf das Herz und die grossen Gefässstämme ausgeübte negative Druck durch die comprimirte Luft vermehrt werde. Daraus geht aber unmittelbar eine Vermehrung der Aspiration, eine Beschleunigung des Venenstroms dem Herzen zu hervor.

Diesem negativen Druck ist nun aber auch der Brusttheil der Aorta ausgesetzt. Es wird daher hierdurch die Spannung, unter welcher vermöge der Pressung des Herzens das Blut in der Aorta steht, herabgesetzt, und zwar in höherem Grade während der Inspiration, in geringerem während der Exspiration, wie wir dies am Hämodynamometer wahrnehmen können.

Wird nun durch comprimirte Luft dieser negative Druck gesteigert, so muss auch nothwendig der Blutdruck im Aortensystem herabgesetzt werden.

Finden wir uns a priori schon zu dieser Annahme veranlasst, so müssen uns einzelne Erscheinungen, die man bei der Behandlung mittelst comprimirter Luft wahrnahm, wie z. B. vermehrte Resorption, darin bestärken. Die Untersuchung über die etwaige Veränderung des Blutdrucks in comprimirter Luft mittelst des Hämodynamometers ist schwierig, weil einerseits sich der Versuch wegen leicht eintretender Gerinnung des Bluts nicht auf längere Zeit ausdehnen lässt, andererseits aber auch der Luftdruck nur langsam ansteigen darf, wenn man werthvolle Resultate erlangen will. Bei einem derartigen Versuch, den Herr Dr. Hensen in Kiel mit mir an der Carotis eines Hundes anzustellen die Güte hatte, verfuhren wir auf die Weise, dass der Blutstrom zeitweilig unterbrochen und so der Blutdruck unter verschiedenen Luftspannungen untersucht wurde. Wir gelangten durch diesen Versuch im Allgemeinen zu der Ueberzeugung, dass der Blutdruck in comprimirter Luft erniedrigt werde, hatten jedoch leider den Versuch so angestellt, dass wir Zahlenwerthe für die Herabsetzung des Blutdrucks nicht erhielten, sondern uns mit dem Augenschein begnügen mussten.

Eine fast nie fehlende Wirkung der comprimirten Luft auf die Circulation besteht darin, dass die Schlagfolge des Herzens verlangsamt wird. Diese Erscheinung ist schon bei Gesunden wahrzunehmen, tritt aber gewöhnlich an Lungenkranken, bei denen der Puls über die Norm beschleunigt ist, noch deutlicher hervor. Die Verlangsamung des Pulses ist nicht bei allen Individuen, selbst nicht bei einem und demselben Individuum immer gleich gross. Die Verminderung der Pulsschläge in einer Minute kann sich z. B. an einem Tage nur auf 4—5 belaufen, an einem andern dagegen 12, 15 bis 20 betragen. Die Durchschnittszahl aus einer Reihe von Versuchen schwankt zwischen 9 und 12.

In Ausnahmefällen kann die Verlangsamung einen sehr hohen Grad erreichen. So berichtet Bertin über einen Fall mit doppeltem Lungenemphysem. Hier sank der Puls, der gewöhnlich 106 bis 108 Schläge hatte, nach dem ersten Bade auf 72, fiel von Tage zu Tage mehr, bis endlich auf 45, hielt sich einige Zeit auf diesem niedrigen Stande und erhob sich lange Zeit nicht über 56.

Ein analoger Fall ist auch von mir beobachtet. Bei einem jungen Mann, welcher der Tuberculose verdächtig war, sank der Puls, der 98 Schläge zählte, nach dem ersten Bade auf 58, nach dem zweiten, dritten, vierten, fünften und sechsten auf 56, nach dem siebenten auf 54 und hielt sich längere Zeit auf dieser niedrigen Stufe.

Zuweilen bemerkt man nach dem ersten Bade eine beträchtliche Abnahme, die aber nicht von Bestand ist, erst nach einer gewissen Anzahl von Bädern stellt es sich heraus, bis zu welchem Grade die Verlangsamung schreitet. Beinahe immer aber, namentlich wenn der Puls vor dem Gebrauch comprimirter Luft eine abnorme Frequenz hatte, erhebt sich derselbe nicht wieder zu der vorigen Höhe, verlangsamt sich mit jedem Tage mehr und behält nach vollendeter Cur noch längere Zeit einen niedrigen Stand.

In den zwei Fällen, in denen die betreffenden Kranken Tag und Nacht einer stark ventilirten Luft von gleichmässiger Temperatur ausgesetzt waren, zeigte der Puls nach dem Gebrauch der comprimirten Luft eine etwas grössere Frequenz als er vorher hatte (Tabelle IV. und V.). Diese Erscheinung mag wohl dem Mangel an körperlicher Bewegung in freier Luft zuzuschreiben sein. Denn es wurde z. B. M. (Tabelle V.) ¹⁵./₅. (am 15. Mai entlassen, seiner gewohnten Thätigkeit zurückgegeben und nach ca. 4 Wochen, ¹⁰./₆. die Cur neben seiner Arbeit und einer mässigen Bewegung in freier Luft wieder aufgenommen. Bei seiner Wiederkehr hatte er zwar die früheren 80 Pulsschläge in der Minute, es stellte sich aber nun eine allmähligeAbnahme heraus.

III. Wirkungen der comprimirten Luft auf die animalische Wärme.

In einem Bade in comprimirter Luft verspürt man, während der Druck ansteigt, eine vermehrte Wärme der umgebenden Luft, die auch durch das Thermometer angezeigt wird. Dies beruht einestheils darauf, dass durch die vermehrte Compression der Luft etwas Wärme frei wird, anderentheils trägt aber auch die aus dem Körper des im Apparat befindlichen Individuums ausströmende Wärme hierzu bei. Mit der Verminderung der Spannung wird durch die entweichende Luft mehr Wärme gebunden, und man empfindet deutlich die Abnahme derselben. Wird der Druck zu rasch erniedrigt, so kann durch die Druckverminderung so viel Wärme gebunden werden, dass der Wasserdunst in einem dichten Nebel niederschlägt.

Diese Erscheinungen sind nicht von Einfluss auf das Verhalten der animalischen Wärme. Die Wirkungen aber, welche die comprimirte Luft auf die Respiration und die Circulation ausübt, sind der Art, dass auch ein Einfluss auf die animalische Wärme zu erwarten steht. — Gewöhnlich wird ein solcher von dem Individuo selbst nicht empfunden, in einzelnen Fällen jedoch wird ein eben nicht sehr unangenehmes Frösteln wahrgenommen *).

Eine Reihe von Beobachtungen, welche in Bezug hierauf angestellt wurden, lieferten das Resultat, dass in der Mehrzahl der Fälle eine geringe, aber bemerkbare Abnahme der animalischen Wärme im Bade in comprimirter Luft erfolgt, wie aus Tabelle IV. und V. ersichtlich ist. Die Beobachtungen sind sämmtlich in der Weise angestellt, dass ein dazu passendes Thermometer so lange unter der Zunge gehalten wurde, bis keine Steigung des Quecksilbers mehr wahrgenommen werden konnte.

---

*) Bertin führt einige Fälle an, in denen bei sehr sensiblen Frauenzimmern dieses innere Frösteln einen solchen Grad erreichte und von solcher Schwäche begleitet wurde, dass er genöthigt war, die Bäder einige Tage auszusetzen, hält übrigens diese Erscheinung hinsichtlich des Gelingens der Cur für ein gutes Zeichen.

Tabelle V.

M., 25 Jahr alt, Körperlänge 178cm., mager, der Tuberculose verdächtig.

Datum	Puls		Animalische Wärme	
	Vor dem Bade	Nach dem Bade	Vor dem Bade	Nach dem Bade
8./4.	65	53	37,2	37,0
9./4.	64	59	37,4	37,2
10./4.	64	58	37,3	37,2
11./4.	63	59	37,3	37,2
12./4.	62	55	37,4	37,1
13./4.	68	56	37,4	37,2
14./4.	67	58	37,4	37,2
15./4.	66	60	37,4	37,2
16./4.	67	60	37,4	37,2
17./4.	67	59	37,4	37,2
19./4.	64	60	37,3	37,2
20./4.	68	60	37,4	37,2
21./4.	67	59	37,4	37,2
22./4.	67	64	37,4	37,3
23./4.	68	63	37,4	37,1
24./4.	69	61	37,4	37,2
25./4.	70	61	37,4	37,4
26./4.	70	58	37,4	37,3
27./4.	62	60	37,3	37,2
28./4.	66	61	37,5	37,4
29./4.	70	64	37,4	37,4
30./4.	71	64	37,3	37,4
1./5.	69	58	37,4	37,4
2./5.	70	64	37,4	37,4
3./5.	71	63	37,2	37,4
4./5.	76	62	37,5	37,4
5./5.	76	68	37,4	37,3
6./5.	80	67	37,3	37,4
7./5.	78	66	37,4	37,3
8./5.	80	65	37,4	37,3
9./5.	80	64	37,4	37,3
10./5.	78	65	37,4	37,4
11./5.	75	64	37,5	37,4
12./5.	80	62	37,5	37,3
13./5.	80	67	37,4	37,3
14./5.	80	70	37,6	37,6
15./5	80	70	37,5	37,5
10./6.	80	72	37,7	37,4
11./6.	81	68	37,5	37,3
12./6.	75	64	37,6	37,4
13./6.	71	64	37,6	37,4
14./6.	71	62	37,3	37,2
15./6.	76	68	37,6	37,4
16./6.	74	67	37,5	37,3
17./6.	72	58	37,3	37,3
18./6.	68	63	37,3	37,2
19./6.	71	60	37,4	37,1

IV. Wirkung der comprimirten Luft auf die Muskelkraft.

Die Kraftzunahme der Respirationsmuskeln, erwiesen durch das Verhalten des negativen Inspirations- und des positiven Exspirationsdrucks in comprimirter Luft, giebt der Vermuthung Raum, dass diese Kräftigung nicht die Respirationsmuskeln allein berühre, sondern sich mehr oder weniger auf den ganzen übrigen Muskelapparat erstrecken müsse. Diese Vermuthung wird durch die Thatsache verstärkt, dass Kranke, welche sich wegen irgend eines Lungenübels der Einwirkung comprimirter Luft ausgesetzt haben, schon nach einer kleinen Anzahl von Bädern eine Kraftzunahme darin verspüren, dass ihnen die Bewegung leichter wird, jeden Tag weniger Ermüdung verursacht.

Ein Maass für diese Kraftzunahme zu finden, ist schwierig, wenn nicht unmöglich, so dass die angestellten Versuche keine absolute Werthe liefern. So viel geht indess aus ihnen hervor, dass man die Stärkung sämmtlicher Muskeln keineswegs gering anzuschlagen hat.

Hängt man z. B. an einen in der Richtung des horizontal ausgestreckten Arms gehaltenen Stab dasjenige Gewicht, welches mit äusserster Kraftanstrengung einige Secunden hindurch gehalten werden kann, und wiederholt diesen Versuch von 100 zu 100^{mm} Ueberdruck, so tritt das schlagend hervor. In einem in solcher Weise angestellten Versuch konnte bei 100^{mm} Ueberdruck das Gewicht 40^{mm}, bei 200^{mm} wieder 40^{mm}, und bei 300^{mm} Ueberdruck nochmals 40^{mm} weiter nach dem Ende des Stabes geschoben werden, und sowohl während des abnehmenden Drucks, als auch eine geraume Zeit nach dem Bade hielt sich die Kraft auf diesem Stande. Die in Tabelle VI. verzeichneten Versuche sind in der Weise angestellt, dass das Gewicht auf dem Stabe nicht weiter geschoben, sondern durch Anhängen kleiner Gewichte vermehrt wurde.

Die Frage, ob und in wiefern die Uebung einen Antheil habe an den so gefundenen Resultaten, ist noch speciell berücksichtigt.

Es ward zu dem Zweck auf die angegebene Weise die

Muskelkraft eines jungen Mannes von 20 Jahren unter Atmosphärendruck in Zwischenräumen von je 10 Minuten gemessen und dieser Versuch an 5 verschiedenen Tagen angestellt. Dabei zeigte sich, dass, nachdem die Grenze seiner Kraft ermittelt war, diese durch die Uebung nicht hinausgeschoben wurde, dass vielmehr jedesmal bei den letzten Versuchen die Erscheinungen beginnender Ermüdung hervortraten. Wurden aber unmittelbar nach diesen die gleichen Versuche ebenfalls in Zwischenräumen von 10 Minuten in comprimirter Luft wiederholt, so ergab sich mit dem zunehmenden Druck eine wesentliche Steigerung der Kraft, welche sich während der Abnahme des Drucks sowohl, als auch unter Atmosphärendruck erhielt.

Tabelle VI.

z. F. und M., siehe Tabelle I. und II.

Datum	Barometer-stand	Am Hebel x. gehobenes Gewicht (z. F.)		Am Hebel x gehobenes Gewicht (M)	
		Vor dem Bade	Nach dem Bade	Vor dem Bade	Nach dem Bade
12./12.	759	—	—	10,0	10,75
19./12.	740	10,4	11,2	11,0	11,4
9./1.	748	11,2	11,4	11,4	12,0
27./1.	766	11,2	11,3	12,1	13,0
21./1.	761	11,5	12,0	12,5	13,0

V. Wirkung der comprimirten Luft auf das Central-Nervensystem.

Unter der Einwirkung comprimirter Luft wird das Central-Nervensystem auf eigenthümliche Weise angeregt, indem sich namentlich in den Functionen, welche den grossen Hemisphären zugeschrieben werden, eine gewisse Lebhaftigkeit kund giebt. Es entgeht dem aufmerksamen Beobachter nicht, dass an vielen Individuen, freilich in höherem oder geringerem Grade, sich eine Elasticität und Frische des Geistes bemerkbar macht,

welche vorher nicht vorhanden war. Ein Gefühl von geisti-
gem Wohlbefinden, von grösserer Leichtigkeit und Freiheit
überkömmt den Betreffenden während des Bades.

Diese Erscheinung glaube ich als eine constante Wirkung
der comprimirten Luft bezeichnen zu dürfen, wenn ich mich
auch zu einer so extravaganten Anschauung nicht bekennen
kann wie Junod sie ausführt, dass nämlich neben grossem
Ideenreichthum bei einem gewissen Ueberdruck die Kunst
Verse zu machen hervortrete *).

VI. Wirkung der comprimirten Luft auf den Stoffwechsel.

Für den Nachweis der in den zahlreichen einzelnen chemischen Processen des Stoffwechsels vor sich gehenden Veränderungen fehlt es an jedem Anhaltspunkt.

Nichts desto weniger, giebt es eine Reihe von Erscheinungen, welche auf stattfindende Veränderungen im Stoffwechsel
schliessen lassen. Diese sind:

1. Belebung der Digestionsorgane, sich kund ge-
bend durch Vermehrung des Appetits, und Bethätigung der
Darmfunctionen. Der Appetit zeigt sich gewöhnlich schon nach
einer kleinen Anzahl von Bädern reger, ja steigt mitunter zu
einer auffallenden Höhe. Einen Anhaltspunkt für die Erklärung dieser Thatsache liefert die oben bereits nachgewiesene
vermehrte Aspiration durch den in comprimirter Luft zunehmenden negativen Druck.

Nicht nur wird das Abfliessen der Lymphe aus dem ductus thoracic. in die der Aspiration ausgesetzte vena subclavia
befördert, sondern auch der duct. thorac. vermöge seiner luft-
dichten Einfügung in die Brusthöhle direkt von dem negativen
Druck berührt, und dadurch in ihm selbst eine Aspiration geschaffen, woraus ein stärkeres Nachströmen und vermehrte Aufnahme resultirt.

2. Veränderung des abgesonderten Harns an Quan-
tität und Qualität.

*) Magendie, orgmische Physik, übersetzt von Krupp, III. Bd. p. 145.

In der Mehrzahl der Fälle wird eine Vermehrung des täglich abgesonderten Harns wahrgenommen. In zwei Fällen freilich, in denen mehrere Wochen hindurch der in 24 Stunden gelassene Harn täglich untersucht wurde, konnte eine quantitative Zunahme nicht constatirt werden, es mochte das indessen wol darin begründet sein, dass jene beiden Kranken Tag und Nacht unausgesetzt einer stark ventilirten Luft von 15—16° R. ausgesetzt waren, wodurch die Perspiration zweifelsohne gesteigert werden musste.

Der gelassene Harn hatte gewöhnlich ein trübes Aussehn und entwickelte einen starken Geruch nach Ammoniak. Das spec. Gewicht schwankte zwischen 1,025 und 1,030. — Der Gehalt an Harnstoff, der wol wegen eingetretener theilweiser Zersetzung zu niedrig angenommen sein dürfte, steigerte sich in dem einen Fall von 30 gr. auf 43 gr., in dem andern von 30 gr. auf 49 gr. — Gleichfalls zeigte sich eine vermehrte Absonderung von Schwefelsäure, dagegen eine Abnahme von phosphorsauren Salzen; der Gehalt an phosphorsauren Erden nahm bis zum Verschwinden derselben ab. — Dieses Verschwinden der Erdphosphate aus dem Harn giebt freilich noch kein untrügliches Zeichen für die Retention derselben im Körper ab, so lange nicht nachgewiesen, dass sie nicht in den Faeces sich vermehrt zeigen. Weil aber die Concurrenz dieser Stoffe bei jedem plastischen Process, bei jeder Zellenbildung nothwendig ist, so dürfen wir wol bei Erwägung der in Nächstehendem erörterten Thatsache auf Retention der Phosphate schliessen.

3. Zunahme des Körpergewichts. Stellt man bei Kranken, welche sich einer Behandlung mittelst comprimirter Luft unterwerfen, genaue Wägungen an, so weisen diese fast immer mehr oder weniger eine Zunahme des Körpergewichts nach. In den beiden genauer untersuchten Fällen vermehrte sich dasselbe während 38 Tage beziehungsweise von 58 kgr. 600 gr. auf 63 kgr. 25 gr. und in 21 Tagen von 51 kgr. auf 56 kgr. 275 gr.

Schlussfolgerungen.

In dem Vorhergehenden sind die physiologischen Erscheinungen, wie sie sich in Betreff der verschiedenen Functionen während der Behandlung mit comprimirter Luft geltend machen, einzeln ins Auge gefasst.

Vereinigt man nun das Dargelegte zu einem Gesammtbild, und legt sich die Frage vor, worauf schliesslich alle diese physiologischen Erscheinungen hinweisen, so kann es wol nicht zweifelhaft sein, dass ihr Schwerpunkt in einer veränderten, und zwar normaleren und besseren Ernährung zu suchen sei. Denn letztere bedingt vorzugsweise einen gesunden Respirationsmechanismus und eine normale Blutbeschaffenheit. Für die Kräftigung des ersteren aber finden wir in den mitgetheilten Zahlenwerthen die sichersten Belege; — auf eine normalere Blutbeschaffenheit lässt die oben nachgewiesene Modification des Stoffwechsels mit Sicherheit schliessen.

Die wahrgenommene Kraftzunahme nicht allein der Respirationsmuskeln, sondern auch des übrigen Muskelapparats durch die comprimirte Luft kann wol nicht einfach als aus einer vermehrten Innervation hervorgehend aufgefasst werden, weil sie sich, wenn auch nicht vollends auf derselben Höhe, so doch annähernd, dauernd erhält; es ist daher wahrscheinlicher, dass sie in der Zuführung eines sauerstoffreicheren Blutes begründet ist. Ist Letzteres der Fall, so darf man wol annehmen, dass diese Kräftigung sich nicht auf die quergestreiften Muskeln beschränkt, sondern sich auch auf die glatten Muskeln erstreckt, und weil mit der Zuführung eines sauerstoffreicheren normalen Blutes die Ernährung Hand in Hand geht, so darf man eine zweckmässige Ernährung und Tonisirung sämmtlicher Systeme, Organe und Gewebe als das Resultat der Einwirkung comprimirter Luft hinstellen.

Die Frage, welche sich hierbei unwillkürlich aufdrängt, ob denn wirklich in comprimirter Luft von dem Blut mehr Sauerstoff aufgenommen werde, als unter Atmosphärendruck, kann ihre endgültige Erledigung allerdings erst dann finden, wenn der genaue Nachweis geführt ist, dass die Ausathmungsluft un-

ter höherem Druck einen geringeren Procentgehalt an Sauerstoff zeige, als unter Atmosphärendruck, es liegen aber Thatsachen vor, welche auf anderem Wege zu der Ueberzeugung
führen, dass eine Mehraufnahme von Sauerstoff in comprimirter
Luft stattfinde.

Durch die nachgewiesene grössere Entfaltung der Lungen
werden die in dem Respirationsacte liegenden mechanischen
Bedingungen für den Gaswechsel vollständiger erfüllt. Die
Capillaren, in denen letzterer vor sich geht, nehmen eine ge-
strecktere Lage an, wodurch das in ihnen kreisende Blut zu
einer innigeren Berührung mit der Lungenluft gelangt. Hierzu
kömmt noch, dass bei einer Steigerung des Luftdrucks um
300ᵐᵐ ein Volumen Lungenluft um ²/₅ mehr Sauerstoff enthält,
als unter Atmosphärendruck.

Eine weitere Begründung für die Annahme, dass in comprimirter Luft mehr Sauerstoff consumirt wird, lässt sich aus
der Thatsache entnehmen, dass constant eine Steigerung der
Muskelkraft wahrgenommen wird. Wenn also G. v. Liebig
nachgewiesen hat, dass durch vermehrte Zufuhr von Sauerstoff
die Fähigkeit des Muskels, sich auf einen bestimmten Reiz zu
verkürzen, zunimmt, so darf man füglich umgekehrt schliessen,
dass in unserem Fall die Stärkung des Muskelapparats aus einer grösseren Aufnahme von Sauerstoff resultirt.

Die Kräftigung der Respirationsmuskeln durch die comprimirte Luft würde sicherlich nicht in der Weise zu Stande
kommen, wie wir es geschen haben, wenn nicht auch der Punkt
in der medulla oblongata, von dem (wie Legallois und Flou-
rens nachgewiesen haben) ihre Bewegungen abhängig sind,
gleichzeitig in erhöhte Thätigkeit gesetzt würde, deren Ursprung
wiederum nur in der Zuführung eines mehr arteriellen und er-
nährungsfähigen Blutes zu suchen ist. Die wahrgenommene
Kräftigung des übrigen, vom Rückenmark beherrschten Muskelapparats, sowie auch die nicht selten sich kundgebende
Steigerung in der Thätigkeit der geistigen Functionen lassen
auf dieselbe Quelle schliessen.

Es haben freilich andererseits Regnault und Reiset durch
Versuche an Thieren gefunden, dass bei der Respiration in einer sauerstoffreicheren Luft nicht mehr Sauerstoff zum Consum

komme, als in der atmosphärischen, und gleichfalls hat L. Meyer durch umfassende Untersuchungen nachgewiesen, dass das Blut aus einer Sauerstoffatmosphäre unter erhöhtem Druck wenig mehr aufnimmt, als unter Atmosphärendruck. Aber die aus jenen Versuchen gewonnenen Resultate können in Bezug auf die Frage, ob das Blut bei einem Menschen, welcher der Einwirkung comprimirter Luft ausgesetzt ist, mehr Sauerstoff in sich aufnehme, nicht maassgebend sein, weil Regnault und Reiset nicht unter erhöhtem Druck, und L. Meyer nur am Blut ausserhalb des Körpers ihre Untersuchungen anstellten. Denn ob nicht im lebenden Körper durch die Einwirkung einer verdichteten Luft etwa durch das Eindringen eines verdichteten Sauerstoffs in die Gewebe, Bedingungen geschaffen werden, welche eine Mehraufnahme von Sauerstoff erfordern und ermöglichen, — darüber befinden wir uns in gänzlicher Unwissenheit.

Auf den ersten Blick scheinen die Resultate von Hervier und St. Lager, wornach, die Kohlensäureexhalation unter erhöhtem Druck abnimmt, gegen die Mehraufnahme von Sauerstoff zu sprechen, jedoch nur scheinbar, denn zwischen dem ersten und letzten Act der Oxydation liegen meist manche Zwischenstufen und Zeitabschnitte, so dass anfänglich viel Sauerstoff verbraucht wird, bevor sich Kohlensäure bildet *).

Weiter haben Hervier und St. Lager nachgewiesen, dass die Kohlensäureexhalation nach dem Verlassen des Bades in comprimirter Luft eine beträchtliche Zunahme erfährt, welche bedeutender ist, als die vorhergegangene Verminderung, und so sprechen auch diese Untersuchungen für eine Mehraufnahme von Sauerstoff.

Die in den meisten Fällen wahrgenommene geringe Abnahme der animalischen Wärme neben verminderter Kohlensäureexhalation scheint wenigstens darauf hinzudeuten, dass einzelne chemische Processe in comprimirter Luft anders von Statten gehen, als unter Atmosphärendruck.

*) Ludwig, Physiologie, Band II. pag. 344.

Heilwirkungen der comprimirten Luft.

Bei Darlegung der therapeutischen Bedeutung comprimirter Luft verdient zuerst hervorgehoben zu werden, dass mit ihrer Anwendung weder Säfte- noch Kräfteverlust verbunden ist, sondern dass von Anbeginn ihrer Anwendung an sich eine Kräftigung des ganzen Organismus bemerklich macht, welche mit jedem Tage neuen Zuwachs erhält. Ja es ist nicht nur in einzelnen Fällen wahrnehmbar, sondern als der gewöhnliche Verlauf zu bezeichnen, dass die Kräftigung der Gesammtheit der allmähligen Beseitigung des Localübels voraneilt. Ein Stadium der Reconvalescenz nach Beseitigung des Localleidens findet daher nicht statt, mit der eingeleiteten Cur beginnt jene zugleich.

Nicht die Belebung und Kräftigung des Kranken allein, auch die aus der Gesammtheit der physiologischen Erscheinungen nachgewiesene zweckmässigere Ernährung macht es mehr als wahrscheinlich, dass die Heilkraft der comprimirten Luft sich in einem weit grösseren Kreis von Uebeln geltend macht, als den in Nachstehendem angeführten. Es liegt jedoch dem Zweck meiner Abhandlung fern, mich darüber zu verbreiten, und ziehe ich es vor, mich auf diejenigen Krankheitsformen zu beschränken, für welche die Erfahrung eine tiefeingreifende Wirkung zur Evidenz gezeigt hat.

Dahin gehören zuvörderst solche allgemeine krankhafte Zustände, denen Blutarmuth und mangelhafte Blutbereitung zu Grunde liegt, wie Chlorose und Reconvalescenz nach erschöpfenden Krankheiten und stattgehabten grossen Blut- und Säftenverlusten.

In diesen Zuständen leistet die comprimirte Luft raschere und nachhaltigere Hülfe als jedes andere Verfahren, weshalb sie denn auch bei solchen schwächlichen Kindern wie sie die orthopädischen Anstalten bevölkern, vorzugsweise angewandt zu werden verdient. In dieser Hinsicht wurde sie in der orthopädischen Anstalt zu Lyon von Pravaz dem älteren, und wird sie noch gegenwärtig von Pravaz dem jüngeren mit grossem Erfolg benutzt.

Unter den localisirten Krankheiten, welche sich für die

3

Behandlung mittelst comprimirter Luft eignen, verdient sunäehst hervorgehoben zu werden:

A. Catarrhalische Taubheit.

Mit wenigen Ausnahmen empfindet Jeder, während der ersten Bäder in comprimirter Luft einen mehr oder weniger fühlbaren Druck auf das Trommelfell, der bei ansteigendem Druck von aussen nach innen, im umgekehrten Fall von innen naeh aussen wirkt. Es beruht dies auf dem Umstand, dass dem Eindringen der Luft in die Eustachischen Röhren und in das cavum tympani, resp. dem Entweichen aus demselben ein gewisses Hinderniss entgegen steht, die Ausgleichung der entstehenden Druckdifferenz daher nur allmählig von Statten geht. In Fällen, wo dieser Druck anfängt, unangenehm zu werden, lässt sich derselbe leicht dadurch beseitigen, dass durch kräftige Schluckbewegungen die Mündung der Eustachischen Röhre freier gemacht und so die Druckdifferenz ausgeglichen wird. Während der ganzen Zeit, in welcher der Luftdruck auf der erreichten Höhe bleibt, wird keine Druckempfindung wahrgenommen. Bei genauer Beobachtung verspürt man nicht selten während des absteigenden Drucks gleichzeitig mit dem Nachlassen der Druckempfindung das Austreten von Luftblasen aus der Mündung der Eustachischen Röhre.

Durch diese Oscillationen der Luft in den Eustachischen Röhren werden diese freier gemacht, etwaige Hindernisse mit dem Heraustreten der Luftblasen beseitigt, so dass in Fällen catarrhalischer Schleimhautaffection und darin begründeter Schwerhörigkeit die comprimirte Luft mit gutem Erfolge angewendet wird. Einen Beleg dafür, dass die Eustachischen Röhren durch diese Luftoscillationen freier gemacht werden, hat man in dem Umstande, dass gewöhnlich nach dem Gebrauch einer kleinen Anzahl von Bädern keine Druckempfindung mehr wahrgenommen wird.

Ausser dieser meehanischen, etwaige Hindernisse entfernenden Wirkung führt die comprimirte Luft den Schleimhäuten eine sauerstoffreichere Luft zu, welche zur Belebung und Kräftigung beiträgt.

B. Krankheiten der Schleimhäute der Luftwege.

Zu der Schleimhaut der Luftwege tritt die angewandte
comprimirte Luft in nähere Beziehung als zu den übrigen
Schleimhäuten. Der wohlthätige Einfluss, den sie mittelst des
veränderten Blutes auf den ganzen Organismus ausübt, wird
hier noch erhöht durch die Belebung und Stärkung, welche
aus dem unmittelbaren Contact mit einer sauerstoffreicheren
Luft resultirt. Es ist wol diesem Umstande zuzuschreiben,
wenn wir solche krankhafte Zustände der Luftwege, die sich
für die Behandlung mit comprimirter Luft eignen, als Hyperämie, Catarrh und Entzündung, unter ihrer Einwirkung rasch
und sicher verlaufen sehen, sobald diese Zustände nur nicht
complicirt sind, d. h. nicht auf einem dyskrasischen Boden
wurzeln, mögen sie sonst auf der Schleimhaut des Kehlkopfs,
der grösseren oder der feinsten Bronchien ihren Sitz haben.
Selbstverständlich sind es nicht die acuten, sondern die chronischen, jedem anderen Verfahren widerstrebenden Formen, gegen welche die comprimirte Luft in Anwendung gezogen zu
werden pflegt. Es ist hierher zu rechnen:

1. Laryngitis chronica.

Anschwellung und Auflockerung der Schleimhaut, Infiltra-
tion und Verdickung des submucosen Gewebes, Verdickung
der Stimmbänder bilden den pathologisch anatomischen Befund.
Durch die Verdickung der Stimmbänder können letztere nicht
in die erforderlichen Schwingungen versetzt werden, die Stimme
wird tiefer, — durch den Schleim, welcher die Stimmbänder
bedeckt, werden die Töne unrein, die Stimme heiser — bei
fortschreitendem Uebel klanglos, aphonisch.

Ist das Uebel nicht sehr vorgeschritten, hat die Alteration
der Stimme noch keinen hohen Grad erreicht, so weicht dieser
krankhafte Zustand sehr rasch der comprimirten Luft durch
Zertheilung der Entzündung und Resorption der Secreta. Aber
auch in veralteten Fällen darf man noch Hülfe erwarten. Es
ist mehrfach vorgekommen, dass Sänger und Sängerinnen mit

3 *

vollständiger Aphonie von Paris nach Montpellier kamen und so vollständig geheilt zurückkehrten, dass sie nach wie vor ihrem Beruf nachleben konnten. Es ist überhaupt meine Ansicht, dass diejenigen Individuen, denen es von Wichtigkeit ist, sich die Reinheit und den Klang ihrer Stimme zu erhalten, dies durch periodischen Gebrauch der comprimirten Luft am sichersten erreichen.

Es ist bemerkenswerth, wie gründlich und nachhaltig sich in diesen Fällen die Herstellung durch comprimirte Luft erweist. Eine Frau in den klimacterischen Jahren litt nach einander zweimal an acuter Laryngitis., welche das zweite Mal mit suffocatorischen Anfällen verbunden war. Der letzte Anfall machte einem chronischen Zustande Platz. Die Kranke klagte über ein fortwährendes Gefühl von Trockenheit im Kehlkopf, die Schleimhaut des pharynx war geröthet, die Stimme heiser, die Respiration in der Weise hörbar, als ob Luft durch ein enges, trockenes Rohr aus- und einströmte. Bei rauher Witterung verschlimmerte sich dieser Zustand leicht durch hinzutretenden Catarrh. Nachdem dieser Zustand ein Jahr lang bestanden hatte, ward die Kranke mittelst comprimirter Luft behandelt und so vollständig geheilt, dass sie bis jetzt, sechs Jahr nach dieser Behandlung, von jeder catarrhalischen Affection befreit geblieben ist.

In den eben nicht seltenen Fällen von Laryngitis chron., wo die Hyperämie stark ausgesprochen ist, und sich auf die Nachbarschaft verbreitet hat, findet man die Schleimhaut des Schlundes mehr oder weniger intensiv geröthet. Hier ist es interessant, die Wirkung der comprimirten Luft mit den Augen verfolgen zu können. Nach einer kleinen Anzahl von Bädern nämlich, zur Zeit wo der Kranke ein Gefühl von Erleichterung verspürt, sieht man die Röthe der Schleimhaut des Schlundes abnehmen und bald darauf ganz verschwinden.

2. Chronische Bronchitis, chronischer Bronchialcatarrh.

Hypertrophie und Verdickung der Schleimhaut und der Muskelhaut mit einem entweder reichlichen, gelben, eiterartigen, oder mit einem zähen, glasigen halb durchsichtigen Secret (catarrhe sec) mit Verlust der Elasticität der Schleimhaut und der Muskelhaut und daher grosser Neigung zu Bronchialerweiterung und zum Emphysem bilden die hervorragendsten pathologisch anatomischen Anhaltspunkte.

Ist der chronische Bronchialcatarrh noch nicht sehr veraltet, so vermag die comprimirte Luft nicht allein den krankhaften Zustand der Bronchialschleimhaut, sondern auch etwaige noch nicht weit gediehene Folgezustände, als Bronchialerweiterung und Emphysem zu beseitigen, und zwar durch Resorption des eingedickten Secrets und dadurch dass der Schleimhaut sowohl als auch der Muskelhaut mittelst einer besseren Ernährung die eingebüsste Elasticität wiedergegeben wird. Ueber die Heilung grosser, alter sackförmiger Ektasieen darf man sich wol keiner überspannten Hoffnung hingeben.

Die comprimirte Luft eignet sich ganz besonders angewendet zu werden unmittelbar nach der Herstellung von einer acuten Bronchitis, namentlich da, wo die feineren Bronchieen den Sitz der Krankheit abgaben, einestheils zur Beseitigung etwa noch vorhandener Residuen der Krankheit sowie auch von Anfängen der Folgekrankheiten als Bronchialerweiterung und Emphysem, anderntheils zur Verhütung von Recidiven, zu denen bekanntlich in diesen Fällen eine grosse Neigung vorhanden ist. Der Verfasser unterwarf vor sechs Jahren zwei Knaben in dem Alter von 10—11 Jahren, welche eine acute Capillarbronchitis überstanden hatten, aus dem Grunde einer Behandlung mittelst comprimirter Luft, weil bei der Auscultation an der hinteren, unteren Lungenpartie sich noch einige rhonchi vernehmen liessen. Beide sind bis zur Stunde von jeglichem Catarrh befreit geblieben.

C. Krankheiten des Lungenparenchyms.

1. Vesiculaires, verbreitetes Lungen-Emphysem.

Alle Therapeuten erklären das idiopathische substantive Emphysem für unheilbar und wahrlich! — wenn man die pathologisch anatomischen Ergebnisse erwägt, nämlich die Verödung so vieler Capillaren, die Atrophie des intervesiculairen Zellgewebes und der Scheidewände, das Vorkommen grosser Hohlräume, des interstitiellen und subpleuralen Emphysems — so sind Umstände genug vorhanden, um obigen Ausspruch zu motiviren. Und dennoch ist es unzweifelhaft, dass oft noch ein seit einer Reihe von Jahren bestandenes Emphysem durch comprimirte Luft radical geheilt wird. Wenn der Emphysematiker, der sich auf ebener Erde kaum einige Schritte ohne zu keuchen fortbewegen, keine Nacht in horizontaler Lage im Bett schlafen konnte, nunmehr nach einer Behandlung von wenigen Wochen mit verjüngter Kraft rasch und ohne jegliche Behinderung Treppen und Berge zu ersteigen im Stande ist, wenn dabei die physikalische Untersuchung den Nachweis liefert, dass der früher auf der rechten Seite mit Verdrängung der Leber nach unten verbreitete Lungenton nunmehr auf das normale Maass beschränkt erscheint, dass linkerseits das früher von der Lunge überdeckte Herz freier den Rippen anliegt, die früher nur dumpf gehörten Herztöne jetzt klar und hell wahrgenommen werden, — das nach unten gedrängte, das Epigastrium mit jedem Schlage erschütternde Herz dem Zuge der grossen Gefässe gefolgt ist und nun an dem rechten Platze sitzt, — wenn in den Lungenpartieen, wo früher ein sehr schwaches oder auch gar kein Athmungsgeräusch wahrgenommen wird, nunmehr ein deutliches, normales gehört wird, wenn ausserdem, wie ich dies mehrfach constatirt habe, Bandmaass und Taste-Cirkel eine Abnahme des Brustumfanges und aller Durchmesser um mehrere Centimeter nachweisen und wenn diese günstige Veränderung Bestand hat, so muss unserer Ansicht nach jeder Zweifel schwinden.

Der wohlthätige Einfluss, den Emphysematiker unter den Einwirkungen comprimirter Luft empfinden, macht sich gewöhnlich schon während des ersten Bades auf auffallende Weise bemerklich, insbesondere wenn sie mit starker Dyspnoe behaftet sind. Sind sie nur 10—15 Minuten dem ansteigenden Druck ausgesetzt, so verschwindet gewöhnlich ihre Athemnoth vollständig, ihr Allgemeinbefinden wird besser als sie es seit langer Zeit gekannt, sie fühlen sich überhaupt wie neugeboren.

Diese Athmungsfreiheit ist Anfangs nicht nachhaltig. Kürzere oder längere Zeit nach dem Verlassen des Apparats stellt sich die Dyspnoe wieder ein, aber mit der Fortsetzung der Bäder vermindert sie sich allmählig immer mehr, bis am Ende ein vollständiges und dauerndes Befreitsein von derselben eintritt, welches nicht nur nachhaltig ist, sondern sich gewöhnlich mehr und mehr consolidirt, so dass Jene sich solchen anstrengenden Körperbewegungen ohne Beschwerde aussetzen dürfen, die zu unternehmen sie kurz vorher nicht hätten wagen können.

Hierbei muss eine Erscheinung berührt werden, welche während des zurücktretenden Emphysems wahrgenommen wird, und worauf Bertin zuerst aufmerksam gemacht hat. In Fällen nämlich, wo bei hochgradigem Emphysem an der davon befallenen Lungenpartie durchaus kein Athmungsgeräusch wahrgenommen werden konnte, vernimmt man, wenn man öfters untersucht, eines Tages ein Summen, ähnlich dem Geräusch, das man wahrnimmt, wenn man eine Ohrmuschel an das Ohr hält. Dieses Summen, welches von Tage zu Tage intensiver wird, und allmählig dem vesiculairen Athmungsgeräusch Platz macht, beurkundet analog der crepitatio redux in der Pneumonie den Anfang des wiederkehrenden Athmungsgeräusches.

Wirft man die Frage auf, wie und auf welche Weise hier die Heilung zu Stande komme, wodurch die elastische Faser ihre seit Jahren eingebüsste Elasticität wiedererlange, so lässt sich zur Zeit nur durch den Hinweis auf die aus den physiologischen Thatsachen gezogene Folgerung antworten, dass durch ein sauerstoffreiches, ernährungsfähiges Blut solche Ernährungsvorgänge geschaffen werden, welche diese Erfolge herbeizuführen im Stande sind.

Ob übrigens dabei etwa das interstitielle und subpleurale Emphysem, wenn es vorhanden war, umgeändert werde, darüber können uns nur erst pathologisch anatomische Untersuchungen an Gestorbenen, die früher durch comprimirte Luft von Emphysem geheilt worden, Belehrung geben. Bertin supponirt das fernere Bestehen von interstitiellem Emphysem in solchen Fällen, wo später sich hin und wieder leichte Dispnoeanfälle kundgeben.

Das nervöse Asthma, bei welchem periodisch Anfälle von

Dyspnoe stattfinden, in den freien Zwischenzeiten aber völlige
Integrität der Athmungs- und Kreislaufsorgane wahrgenommen
wird, eignet sich als solches nicht für die Behandlung mit
comprimirter Luft. Keineswegs versagt letztere aber ihre Wirkung gegen Folgezustände, welche sich bei rasch auf einander
folgenden Anfällen von Asthma häufig einstellen, als Emphysem und Herzleiden. Hier beseitigt die comprimirte Luft die
habituelle Dispnoe und vermindert auch zuweilen die häufige
Wiederkehr und die Intensität der Asthmaanfälle.

2. Chronische Lungen-Tuberculose.

Die pathologische Anatomie und den Verlauf der Lungen-
Tuberculose als bekannt voraussetzend, sollen in Nachstehendem nur einige Gesichtspunkte berührt werden, die einen Blick
in die Art und Weise gestatten, wie die comprimirte Luft in
dieser Krankheit eine wohltbätige Wirkung auszuüben im
Stande ist.

Mit der Entwicklung der Lungentuberculose geht eine Ab-
schwächung des gesammten und folglich auch des respiratorischen Muskelsystems Hand in Hand. Damit vermindert sich
die Entfaltung der Lungen, beim ruhigen mittleren Athmen
gleichwie bei dem mit Aufwand aller Kraft ausgeführten grösst-
möglichen Athemzuge, welcher uns die Grenze des vitalen Athmungsvermögens anzeigt. Aus der Abnahme des Luftquantums,
welches der letzteren entspricht, dürfen wir mit Recht folgern,
dass das beim ruhigen Athmen eingeführte Luftquantum in
demselben Verhältniss abnehme.

Es ist nun Thatsache, dass bei solchen Individuen, welche
später der Lungentuberculose anheim fallen, oft jahrelang vorher, ehe sich durch physikalische Untersuchung irgendwo Tu-
berkelablagerung in den Lungen constatiren lässt, eine Abnahme des ihnen nach Alter, Geschlecht und Körperlänge ge-
botenen vitalen Athmungsvermögens bemerkbar ist, welche mit
der Entwicklung und dem Fortschritt der Krankheit zunimmt.
Wintrich führt in dieser Hinsicht an, dass im Waisenhause zu
München fast alle Kinder, welche ohne Brusterscheinungen

eine auffällige Verminderung ihres vitalen Athmungsvermögens zeigten, von tuberculosen Eltern abstammten.

Neben dieser Verminderung der Lungencapacität geben sich bei allen Individuen, welche entweder durch angeerbte Schwäche der Organisation sich in der Anlage zur Lungentuberculose befinden, oder auch letztere durch irgend welche die Entwicklung der tuberculosen Disposition begünstigende Einflüsse acquirirt haben, die Erscheinungen einer mangelhaften Ernährung kund. Letztere findet sich so constant ein, dass die bedeutendsten Pathologen glauben, die wichtigste Ursache der Tuberculose in einer mangelhaften Ernährung suchen zu müssen.

Geht nun, wie das ausser Frage steht, alle und jede Ernährung aus dem Blute hervor, so ist auch jede Beeinträchtigung der Ernährung zunächst auf eine mangelhafte Ernährungsfähigkeit des Bluts zurückzuführen. Wir sind freilich ausser Stande darzulegen, wodurch sich das Blut Tuberculoser von einem andern unterscheidet. Einige Erscheinungen lassen aber mit grosser Wahrscheinlichkeit vermuthen, dass ersteres in seiner Mischung verändert sei, schon aus dem Grunde, weil die Umwandlungsprocesse langsamer von Statten gehen, jedenfalls lässt der wahrgenommene Fettreichthum des Bluts in der Lungentuberculose (Frerichs) und das häufige Zusammentreffen der Fettleber mit derselben eine solche Deutung zu.

Hierbei kommt nun noch in Betracht, dass ein in seiner Ernährungsfähigkeit herabgestimmtes Blut das den Respirationsmechanismus beherrschende Central-Nervensystem nicht auf normale Weise erregen kann, und aus diesem Grunde dessen Thätigkeit beschränken muss.

Geht also von der unzureichenden Respiration eine Störung in der Ernährungsfähigkeit des Bluts aus, wird von dieser wieder eine Beschränkung der auf den Respirationsapparat gerichteten Nerventhätigkeit bedingt, so ist das eine Rückwirkung, welche nicht ohne Einfluss auf die Insufficienz des Athmens bleiben kann. Aber nicht die einzige. Es besteht vielmehr ausserdem eine direkte Wechselwirkung zwischen der Insufficienz des Athmens und der Ernährungsfähigkeit des Bluts, indem diese einerseits durch erstere beeinträchtigt wird, andererseits aber jede Beschränkung der Ernährungsfähigkeit des Bluts auch die Thätigkeit der Muskeln afficiren muss, welche vom Blut die zu ihrer Action erforderlichen materiellen Elemente (insbesondere Sauerstoff) empfangen sollen.

Wenn nun aber hiernach aus der Unzulänglichkeit des Athmens selbst alle diejenigen Functionsstörungen hervorgehen, welche geeignet sind, das Fortschreiten der ersteren zu unterstützen, so ist es einleuchtend, dass jeder Eingriff in die Reihe der entstandenen Wirkungen von Belang sein muss. Könnte z. B. die Lungencapacität auf das Normalmaass zurückgeführt werden, so müsste daraus eine bessere Beschaffenheit des Bluts resultiren, aus dieser die ausreichende Anregung der Nerven und Ernährung der Muskeln hervorgehen und auf diese Weise eine dauernde Umwandlung geschaffen werden.

Ebenso muss eine vermehrte Sauerstoffaufnahme des Bluts dieses befähigen, Nerven und Muskeln besser zu ernähren und durch deren Belebung sich selbst eine dauernd genügende Sauerstoffzufuhr sichern.

Ist nun so die Wichtigkeit eines dauernd sufficienten, d. h. den wechselnden Bedürfnissen des Stoffwechsels stets genügenden Athmens für den ganzen thierischen Lebensprocess einleuchtend, muss man ferner bei Erwägung der gewonnenen physiologischen Resultate zu der Ueberzeugung gelangen, dass die comprimirte Luft in Bezug auf jenen Punkt vorzugsweise ihre Wirksamkeit entfaltet, so darf es uns auch nicht befremden, wenn wir von ihrer Anwendung in der Lungentuberculose vielfach die erfreulichsten Erfolge beobachten. Sie findet ihre Anwendung:

1. In der ausgesprochenen Anlage zu dieser Krankheit. In den meisten Fällen wird man hier, wie schon oben erwähnt ist, finden, dass das vitale Athmungsvermögen sein normales Maass nicht erreicht.

Hier beschafft nun die comprimirte Luft eine normale Ernährung und Kräftigung aller Systeme, Organe und Gewebe, ein Resultat, welches selbst nach sistirtem Gebrauch der Bäder durch die gleichzeitig errungene dauerhafte Athmungssufficienz nur noch gesteigert und immer mehr consolidirt wird. Durch den Gebrauch der comprimirten Luft wird der weiteren Entwicklung der Lungentuberculose sicherer als durch jedes andere

Verfahren vorgebeugt, und fände jene hier, wie sie es verdient, eine ausgebreitete Anwendung, so würden wir sicherlich die Zahl derer, welche an Lungentuberculose zu Grunde gehen, um ein Beträchtliches vermindert finden.

2. In der entwickelten Lungentuberculose, wo nämlich Tuberkelablagerungen durch physikalische Untersuchung constatirt werden können, wird bei noch nicht eingetretenem Erweichungsprocess die comprimirte Luft erfolgreiche Anwendung finden, sobald die gesunde Lungenpartie noch umfangreich genug ist, durch ihre vicariirende Thätigkeit schliesslich ein sufficientes Athmen herbeizuführen. Hierbei ist es gleichgültig, ob bereits Anfälle von Hämoptoe vorhanden gewesen sind oder nicht. Um sich sowohl von dem Verlauf der Krankheit, als auch von den Veränderungen, welche im Lungenparenchym vor sich gehen, zu überzeugen, ist es nothwendig, oft von dem Spirometer Gebrauch zu machen. — Sobald Letzterer anzeigt, dass das gesunkene vitale Athmungsvermögen sich so weit gehoben hat, dass es anfängt, sich der normalen Höhe zu nähern, sind gewöhnlich auch alle krankhaften Brustsymptome gewichen, während sich gleichzeitig neben Zunahme des Gewichts eine allgemeine Kräftigung kundgiebt. Was das Verhalten der Tuberkeln anbetrifft, so ist anzunehmen, dass hier derselbe Process stattfindet, den man in Fällen, wo ein Stillstand in dem Verlauf der Tuberculose beobachtet wird, und wo später der pathologisch-anatomische Befund die stattgefundene Heilung durch Verkalken oder Einschrumpfen der Tuberkeln nachweist, eintritt. Für das Eintreten dieses Processes, welcher in einer Resorption der organischen Elemente der Tuberkeln besteht, müssen durch Anwendung der comprimirten Kuft alle Bedingungen geschaffen werden. Ausser anderen braucht man nur auf die Erniedrigung des Blutdrucks hinzuweisen.

Ist der Erweichungsprocess eingetreten, oder haben sich bereits Cavernen gebildet, so wird die mögliche Heilung davon abhängen, in welchem Umfange das Gewebe krankhaft ergriffen ist, und ob durch vicariirende Thätigkeit der gesunden Lungenpartieen ein sufficientes Athmen erzielt werden kann. — Wo die Lungen von Cavernen vielfach durchsetzt sind, oder wo sich zur Lungentuberculose Darmtuberculose hinzugesellt hat, ist von Behandlung mittelst comprimirter Luft gänzlich abzusehen.

D. Organische Herzkrankheiten.

Für das Verständniss der therapeutischen Bedeutung comprimirter Luft in Bezug auf organische Herzleiden sei auf einzelne physiologische Wirkungen derselben nochmals speziell hingewiesen. Es sind dabei folgende Gesichtspunkte festzuhalten:

Wie oben nachgewiesen, gewinnen die Respirationsmuskeln an Kraft, und es ist mit Grund gefolgert, dass diese Kraftzunahme aus einer reicheren Ernährung hervorgehe, letztere aber in einem sauerstoffreicheren ernährungsfähigeren Blut begründet sei. Es ist ferner gezeigt, dass keineswegs nur die Respirationsmuskeln, sondern der ganze äussere Muskelapparat dieser Kraftzunahme theilhaftig werde. Somit ist man vollkommen zu der Annahme berechtigt, dass der Herzmuskel nicht weniger als alle übrigen Muskeln in comprimirter Luft durch ein sauerstoffreicheres, ernährungsfähigeres Blut besser ernährt und gekräftigt werde.

Durch die mit einer Stärkung des respiratorischen Muskelapparats nothwendig verbundene grössere Entfaltung der Lungen, und die hieraus resultirende Zunahme der Kraft der Lungenelasticität wird der negative Druck, der von den Lungen her auf das Herz und die grossen in der Brusthöhle liegenden Gefässstämme fortwährend ausgeübt wird, vermehrt, woraus sich eine ergiebigere Aspiration auf die an der Peripherie des thorax gelegenen Venen herleitet. Indem hiedurch das Blut aus diesen Venen reichlicher in die Hohlvene und den rechten Vorhof abfliesst, wird auch das Nachströmen aus den Capillargefässen erleichtert, und muss auf diese Weise der Widerstand vermindert werden, der sich der Triebkraft des Herzens entgegenstellt. Auch in dem kleinen Kreislauf muss sich der Einfluss des verstärkten negativen Drucks geltend machen. Denn wenn beide, Lungenarterie und Lungenvene, diesem gleichmä-

ssig ausgesetzt sind, so erfährt die Circulation eine Beschleunigung, weil der Blutdruck in der Arterie im Verhältniss zu
seiner absoluten Höhe weniger herabgesetzt wird, als der Blutdruck in der Vene.

Von einigen Physiologen (Donders) wird noch eine selbst-
ständige Saugkraft des Herzens, welche der Spannung seiner
Wände und dem Druck, der sich während der Dilatation des
Herzens füllenden Kranzgefässe zugeschrieben wird, angenommen. Wenn diese Annahme richtig ist, und die angeführte
Spannung der Herzwände auf einer Elasticität derselben beruht, so wird auch für diese die reichlichere Ernährung nicht
verloren gehen, vielmehr daraus eine Steigerung dieser Kraft
resultiren.

Durch die erleichterte Blutströmung in den dem Herzen
nahe gelegenen Venen zum Herzen hin, wird offenbar der Widerstand, der sich der Triebkraft desselben entgegenstellt, ab-
geschwächt. Aber nicht allein am Ende des Röhrenzirkels,
sondern auch am Anfange desselben, macht sich eine Wirkung
bemerklich, welche auf dasselbe Resultat hinausläuft. Da nämlich der Brusttheil der Aorta ebenfalls dem von den Lungen
ausgehenden negativen Druck unterworfen ist, so muss bei
einer Steigerung des letzteren in comprimirter Luft der Blutdruck im Aortensystem erniedrigt werden, wodurch ein Theil
des Widerstandes, welcher der Herzaction entgegensteht, auf-
gehoben wird.

Fasst man nun die so eben vorgeführten Momente zusam-
men, so ist die Wirkung der comprimirten Luft auf das Herz
als eine doppelte anzusehen, indem einerseits seine Arbeitskraft
vermehrt, andererseits das Leistungsbedürfniss desselben vermindert wird. Keineswegs aber führt diese erleichternde Dop-
pelwirkung eine Beschleunigung herbei, weil durch den gleichzeitig stattfindenden Erregungszustand der Vaguswurzeln in
den Bahnen dieser Nerven sich eine gesteigerte Thätigkeit
kundgiebt, die denn in Bezug auf das Herz einen solchen Grad
erreicht, dass statt der beschleunigten eine verlangsamte ruhi-
gere Herzaction eintritt (siehe Abtheilung II.).

Hält man obige Gesichtspunkte fest, so gestatten diese einen Blick in die Vorgänge, aus denen die günstigen Erfolge,

die durch comprimirte Luft in organischen Herzleiden erzielt
werden, herzuleiten sind. Dass aber jeder einzelne Krankheitsfall mit Rücksicht auf den zu erwartenden Erfolg, eine besondere Erwägung erheischt, und wie dabei Sitz und Wesen
des Uebels, Periode der Krankheit, Grad der Ausbreitung desselben, Complicationen u. s. w. in Betracht zu ziehen sind, dies
wird Jedem einleuchten. Hier seien nur die am häufigsten
vorkommenden Erkrankungen, nämlich die Fehler an den beiden Ostien des linken Ventrikels kurz beleuchtet.

Mit dem Auftreten dieser Erkrankungen, mögen sie in
Klappeninsufficienz oder in Stenöse der Mündungen bestehen,
reicht die Trieb- und Arbeitskraft des Herzens nur dann aus
um die wachsenden Widerstände jederzeit zu bewältigen, wenn
der erforderliche Mehrbedarf an Kraft aus Vermehrung der
Muskelfasern jenseits der betroffenen Stelle bestritten wird.

Dies geschieht nun auch in der Weise, dass sich stets zu
Fehlern an der Aortenmündung Hypertrophie des linken, zu
Fehlern an der Atrioventrikulärmündung Hypertrophie des
rechten Ventrikels gesellt.

Die Krankheitserscheinungen, welche bei Insufficienz der
Semilunarklappen mitunter zum Vorschein kommen, als Con-
gestion des Bluts zum Kopf, Schwindel, apoplektische Anfälle,
gehen nicht aus der Insufficienz hervor, sondern kommen auf
Rechnung der excentrischen Hypertrophie des linken Ventrikels, welche eine über Gebühr verstärkte Herzaction veranlasst.
— Kranke mit Fehlern an der Atrioventricularmündung sind
leicht wegen der unvermeidlichen Ueberfüllung der Gefässe
des kleinen Kreislaufs kurzathmig.

Mit Ausnahme dieser Beschwerden, welche nicht immer,
aber häufig in unbedeutendem Grade vorhanden sind, erfreuen
sich solche Herzkranke oft viele Jahre eines so guten relativen
Wohlbefindens, dass, wenn nicht eine genaue Untersuchung
vorgenommen ist, vielleicht weder Kranker noch Arzt von dem
Vorhandensein des Herzfehlers eine Ahnung hat.

Treten aber nun Circulationsstörungen hinzu, sei es, dass
die Klappenfehler an Ausbreitung gewinnen, oder sich ander-
weitige Abnormitäten in dem Gefässsystem einfinden, sei es,
dass die hypertrophischen Herzmuskeln durch Bindegewebsve-

getation oder durch Fettablagerung in den Muskelfasern degeneriren, vermag dann die Hypertrophie den Effect der Widerstände nicht mehr zu compensiren, so wird auch das Krankheitsbild ein ganz anderes. Die mangelhafte Entleerung des Bluts aus den Hohlvenen hat Stauungen in den Gehirn-, Leber- und Magenvenen zur Folge; die Leber schwillt oft enorm an, andauernder Magencatarrh gesellt sich hinzu.

Im kleinen Kreislauf ruft die Blutstauung hochgradige Dyspnoe, Bronchialcatarrh hämorrhagische Infarcte, Lungenödem hervor. — Das Blut erlangt durch die beeinträchtigte Desoxydation eine venöse Beschaffenheit, aus der sich Cyanose heranbildet. Der ungenügende Abfluss der Lymphe aus dem ductus thoracicus in die vollgestauete vena subclavia bewirkt Eiweissarmuth des Bluts, und letztere im Verein mit der allgemeinen Blutstauung führt zu Wassersucht, die denn gewöhnlich das Ende der Scene einzuleiten pflegt.

Der Erfolg, der in solchen Herzkrankheiten von der comprimirten Luft zu erwarten ist, hängt selbstverständlich lediglich von dem Stadium der Krankheit ab, weshalb denn auch jene Periode, in welcher noch ein relatives Wohlbefinden stattfindet, die günstigsten Aussichten darbietet.

Es wird, wenn man die dem jeweils vorliegenden Krankheitsfall eigenthümlichen Verhältnisse sorgfältig erwägt und berücksichtigt, leicht sein zu beurtheilen, welches Resultat von der Anwendung comprimirter Luft nach den erfahrungsgemäss von ihr ausgeübten allgemeinen physiologischen Wirkungen zu erwarten steht. So erhält bei einer Stenose, mag diese an der Aorten- oder venösen Mündung vorhanden sein, durch die mit der Kräftigung des Herzens Hand in Hand gehende Verlangsamung der Schlagfolge desselben der betreffende Ventrikel oder Vorhof mehr Kraft und Zeit, seinen Inhalt leichter und vollständiger durch die verengte Mündung zu schaffen.

Wenn wir ferner bei hochgradiger Insufficienz der Aortenklappen die congestiven Erscheinungen, welche durch die excentrische Hypertrophie des linken Ventrikels hervorgerufen werden, unter der Behandlung mittelst comprimirter Luft schwinden sehen, so lässt sich das zunächst auf zwei gleichzeitig verlaufende Vorgänge zurückführen. Der eine besteht darin, dass die Spannung der Wandung der Aortenkammer während der Diastole desselben vermindert wird, weil der Druck des Bluts herabgesetzt wird, und zwar nicht nur der Druck des aus dem Vorhofe einströmenden, sondern auch des aus der Aorta zurückfliessenden Bluts. Der andere beruht auf der Verlangsamung der Schlagfolge des Herzens.

Durch das Zusammenwirken dieser beiden Vorgänge werden die aus einer zu stürmischen Herzaction hervorgehenden Erscheinungen beseitigt.

Sehen wir endlich eine hochgradige, in Fehlern an der Mitralmündung begründete Kurzathmigkeit unter dem Einfluss comprimirter Luft sich verlieren, so muss als nächste Ursache das erleichterte Abfliessen des Bluts aus den vollgestauten Gefässen des kleinen Kreislaufs angesehen werden. Hier sowol wie oben kömmt eine reichlichere Ernährung nicht nur jenen Vorgängen zur Hülfe, sondern sie beugt zugleich mit Sicherheit einer möglichen Degeneration der Herzmuskeln vor. Die Nachhaltigkeit der gleichzeitig erzielten Kräftigung des respiratorischen Muskelapparats und der aus dieser hervorgehenden Athmungssuffieienz wird alsdann den errungenen Vortheilen Dauerhaftigkeit verbürgen.

In der späteren Periode, wo sich die gefahrdrohenden Krankheitserscheinungen bereits eingefunden haben, darf man seine Erwartungen nicht zu hoch spannen. Es leistet die comprimirte Luft freilich auch hier noch oft, wenn das Leiden nicht zu weit gediehen ist, in so fern erspriessliche Dienste, als die qualvollsten Beschwerden hinweggeräumt werden, und darf man sich hiebei auch nicht der Hoffnung hingeben, dass eine dauerhafte Befreiung erreicht sei, so ist es doch erfreulich, den Kranken für eine längere Zeit von seinen Leiden befreit zu sehen.

Druck der Gebrüder Hofer in Göttingen.